MADRE DE DIOS Y MADRE NUESTRA

ANTONIO OROZCO

MADRE DE DIOS
Y
MADRE NUESTRA

Iniciación a la Mariología

Cuarta edición

EDICIONES RIALP, S. A.
MADRID

Primera edición: febrero 1996
Segunda edición: abril 1996
Tercera edición: julio 1996
Cuarta edición: septiembre 1996

Ilustración cubierta: Anónimo s. XVIII, pintura al fresco.
Abanassi (Bulgaria).

ISBN: 84-321-3100-8
Depósito legal: M.31.642-1996
Impreso en Gráficas Rógar, S. A., Navalcarnero (Madrid)

ÍNDICE

PRINCIPALES DOCUMENTOS MARIANOS DEL MAGISTERIO DE LA IGLESIA

(Con las siglas utilizadas en esta obra)

AV	León XIII, Enc. *Augustissimae Virginis* ASS 30, 129.
CEC	*Catecismo de la Iglesia Católica,* Madrid 1992.
CR	Pío XII, Enc. *Ad Caeli Reginam,* de 11-X-1954.
DI	Pío X, *Ad diem illum,* 2-II-1904.
DS	Denzinger-Schönmetzer, *Enchriridium Symbolorum definitionum et declarationum de rebus fidei et morum,* editio XXXVI, Romae, 1976.
DV	Concilio Vaticano II, Const. *Dei Verbum.*
FC	Pío XII, Enc. *Fulgens corona,* 8-IX-1953.
InD	Pío IX, Bula dogmática *Ineffabilis Deus,* 8-XII-1854.
LG	Concilio Vaticano II, Const. *Lumen Gentium.*
LV	Pío XI, Enc. *Lux veritatis,* 25-XII-1931.
MC	Pablo VI, Exhort. Apost. *Marialis cultus,* 2-II-1974.
MD	Juan Pablo II, *Mulieris dignitatem.*
MDM	León XIII, Enc. *Magnae Dei Matris,* 8-IX-1892.
RC	Juan Pablo II, Exhort. Apost. *Redemptoris Custos,* 15-VIII-1989.
RH	Juan Pablo II, Enc. *Redemptor hominis,* 4-III-1979.
RM	Juan Pablo II, Enc. *Redemptoris Mater,* 25-III-1987.
SM	Pablo VI, Exhort. Apost. *Signum magnum,* 13-V-67.

INTRODUCCIÓN

La fe católica es cristocéntrica. Cristo Jesús, Segunda Persona de la Santísima Trinidad, es principio y fin, alfa y omega, el gran *pontífice* que ha restablecido la unión del hombre con Dios mediante su encarnación, vida, pasión, muerte, resurrección y ascensión a los cielos. Así ha roto las cadenas que nos hacían esclavos de nuestras pasiones –desordenadas por el pecado–; del demonio, que por el pecado ejerce cierto poder sobre el pecador; y de la muerte, que es la consecuencia más dramática de la ruptura con Dios que el pecado causa. A la vez, Jesucristo nos ha merecido una elevación (por participación) a la vida divina –a la vida de la Gracia, con las virtudes sobrenaturales, los dones y frutos del Espíritu Santo–, más elevada e íntima que aquella que gozaron nuestros primeros padres en el paraíso. Nuestro Señor Jesucristo, de un modo que no hubiéramos podido soñar, nos ha hecho hijos de Dios y nos ha abierto las puertas del Cielo. La Redención pues, de hecho, no es sólo «rescate» de la esclavitud que implica el pecado, sino «justificación», o, lo que es lo mismo, «santificación».

La misericordia divina resplandece en la encarnación del Verbo y en toda su obra salvífica. Sólo Cristo, perfecto Dios y perfecto hombre, es mediador perfecto entre Dios y los hombres, capaz de unir en Él, Dios a los hombres y los hombres a Dios. Él es el único Mediador, según la conocida expresión de san Pablo: «Hay un solo Dios, y también un solo mediador entre Dios y los hombres, Cristo Jesús, hombre también»[1]. Pero Cristo Jesús no es un «mediador solitario». Así como Dios es el único Bueno[2], pero hace partícipes de su bondad a todas sus criaturas en diferentes grados y modos, así también ha querido hacer partícipes a los hombres de su mediación. Jesucristo es el único Redentor. Pero no es menos cierto que ha querido asociar a todos los hombres a tomar parte activa en su obra salvífica[3], hasta el punto de que podamos llamarnos, como veremos, legítimamente, *corredentores* con Cristo.

De una manera singular y sublime, Cristo Jesús ha querido unir a su ser y a su misión de Hombre Salvador a la Virgen María, Madre suya por obra del Espíritu Santo. De tal modo que, en la actual economía de la Redención, ya no puede entenderse cabalmente la salvación realizada por Cristo, sin la singular presencia activa de la Virgen María, Madre de Dios y Madre nuestra, adornada por el Creador con privilegios extraordinarios, que vamos a resumir aquí.

---

[1] 1 Tim 2, 5.
[2] Cfr. Mt 19, 17.
[3] Cfr. LG, n. 60.

María ha sido singular y «valerosa solidaria» de la obra redentora de Cristo Jesús[4].

Ella en modo alguno nos puede alejar de Cristo. Al contrario, «nadie en la historia del mundo ha sido más cristocéntrico, más *cristo-foro* (portador de Cristo) que Ella. Nadie ha sido más semejante a Cristo, no sólo con la semejanza natural de la madre con el Hijo, sino con la semejanza del Espíritu y de la santidad»[5].

Dios podía salvarnos de diversas maneras. Pero quiso hacerlo –y la Iglesia reconoce que hay poderosas razones para ello– de un modo que seguramente es el mejor de los posibles. Quiso asumir nuestra condición humana –salvo el pecado– y *nacer de mujer.* Su respuesta fue en todo libérrima y por eso puede participar meritoriamente en todo lo largo y lo ancho del misterio de la redención y santificación de la humanidad.

Una palabra –antes de comenzar nuestro estudio–, sobre san José, del que nos ocuparemos en el último capítulo. Si nadie es tan cristocéntrico como María, nadie es tan mariano como san José. *Virum praedestinatum Mariae,* dice san Ireneo, varón elegido desde la eternidad para ser Esposo virginal de la Madre de Dios. La mariología quedaría incompleta sin ese capítulo dedicado a quien la Trinidad confió un papel extraordinario en la obra de la Redención.

---

[4] Juan Pablo II, *Alocución,* Turín, 13-IV-1980.

[5] Juan Pablo II, *Homilía en la Basílica de Santa María la Mayor,* Roma, 8-XII-1980.

Capítulo I

LA MATERNIDAD DIVINA DE MARÍA

Un día, allá en el Oriente, los fieles comenzaron a habituarse a pronunciar un nombre: *Theotókos,* que significaba «aquella que había engendrado a Dios» (Deípara, Madre de Dios). El apelativo, inmediatamente convertido en sustantivo, era a la vez atrayente e inquietante. Y, aún hoy, muchos teólogos ajenos a la ortodoxia católica se muestran reticentes ante lo que ese título quiere significar.

Nestorio, monje elevado a la sede patriarcal de Constantinopla, en el año 428, comenzó a desasosegarse cuando en Santa Sofía oyó al pueblo aclamar a la Virgen María como *Theotókos.* No temía, por cierto, un reverdecer sospechoso de las antiguas y ya desechadas teogonías paganas, en las cuales ciertas mujeres ilustres se convertían en «diosas» y «madres de dioses» por medio de ritos mágicos y de sagradas uniones. No había nada de eso en el ambiente cristiano, y Nestorio no se inquietaba por esas imaginaciones pintorescas de las fábulas paganas. Sus escritos obedecen a unos planteamientos más profundos. El título *Theotókos* hería en el corazón de su cristología, en la que el Cristo era un sujeto humano *unido pero distinto* al Verbo. Nestorio no entendía que la Segunda Persona Divina pudiese asumir una naturaleza humana sin resultar, de la unión, dos sujetos (o personas) distintos, de los que uno sería propiamente divino y otro humano distinto al divino, el de Jesús de Nazaret.

En rigor, Nestorio dividía a Cristo, considerándole un hombre –extraordinario, eso sí–, unidísimo a la Divinidad, pero no verdadero Dios. Llamad si queréis –concedía el Patriarca– a María, *Cristotókos,* Madre del Cristo; pero, en manera alguna, *Theotókos.* A primera vista, la razón y la prudencia parecían estar de su lado: ¿cómo una mujer, pura criatura temporal, podía ser madre del Dios Eterno e Intemporal, que era el Verbo, proclamado «consubstancial» con el Padre por el sagrado Concilio de Nicea (en el año 325)? Sin embargo, el pueblo de Constantinopla, aunque entendía poco de elucubraciones teológicas, respondía diciendo que, si María había engendrado y dado a luz virginalmente al Verbo hecho hombre, que era Dios como el Padre y el Espíritu Santo, podía y debía ser llamada «Madre de Dios», *Theotókos.* El escándalo llega hasta Alejandría y Roma. El Papa Celestino y san Cirilo confirman la doctrina de fe profesada y vivida por el pueblo fiel. Y, para dirimir la cuestión definitivamente, se convoca el concilio de Efeso (a. 431).

Hacia la inteligibilidad del misterio

Pero antes de adentrarnos en las definiciones del Magisterio sobre el misterio de Cristo y de la Maternidad divina, es conveniente que nos acerquemos a su inteligibilidad, esclareciendo dos conceptos que hemos de utilizar necesariamente para comprender tanto la unidad de Cristo, como la maternidad divina de María: se trata de los conceptos de «naturaleza» y de «persona».

Que María sea Madre de Dios implica otro misterio elevadísimo, quizá el de más difícil comprensión para los hombres: el de la Encarnación del Verbo, por la cual, la Segunda Persona de la Santísima Trinidad –el Verbo de Dios–, asumió una naturaleza humana formada en el seno de María Virgen, de manera que el hombre así concebido es hombre verdadero, pues verdaderamente humana es la naturaleza creada que asumió y posee, sin dejar por ello de ser Dios. Aunque no sea *comprensible* o abarcable por la humana razón, este misterio es *inteligible*, pues no se opone a la luz de nuestro intelecto, aunque la supere infinitamente.

Naturaleza y persona

Después de las controversias de los primeros siglos sobre el ser de Cristo, para expresar el misterio del Dios-Hombre, la Iglesia se ha servido de las palabras que traducimos al castellano por «naturaleza» y «persona». No son términos sinónimos: designan principios *realmente* distintos, aunque de hecho no haya naturaleza humana sin que esté dotada de «personeidad», ni persona (humana) que no posea una naturaleza (humana). Nuestra lengua refleja muy certeramente esa distinción, confirmando que no se trata de una sutileza fabricada artificiosamente para explicar algo esotérico o inextricable. En efecto: no es lo mismo preguntar con la palabra «qué» que con la palabra «quién».

–Tú, *¿qué* eres?

La respuesta puede ser:

–Yo soy hombre. Es decir soy un individuo de la especie humana; tengo una naturaleza humana, soy humano.

Y ahora una pregunta distinta:

–Tú, *¿quién* eres?

Una respuesta justa sería:

–Yo soy Pedro. Es decir, en rigor «yo» no soy ante todo un «qué», soy un «quién»; no soy «algo»; soy «alguien». Más bien «tengo» una «naturaleza» y «soy» una «persona».

Las consideraciones metafísicas pertinentes, podrían complicar mucho nuestro discurso, pero es fácil entender que no es lo mismo un «qué» que un «quién», no es lo mismo lo que llamamos «naturaleza», que lo que llamamos «persona». Esta distinción es absolutamente necesaria para entender que no es absurdo ni imposible que una naturaleza humana pueda pertenecer a una persona no humana.

La persona es el sujeto necesario de cualquier naturaleza humana individual. No es pensable lo contrario. Pero sí es pensable, en cuanto nos lo sugiere la Revelación, que Dios pueda crear una naturaleza humana de tal modo que el «yo» de esa naturaleza, es decir, el sujeto que la tiene y sostiene, sea un «Yo» divino, es decir, una de las Personas de la Santísima Trinidad. Es éste un misterio verdaderamente inabarcable. No hubiéramos podido imaginar que Dios –el Dios único, creador y trascendente– pudiera hacer y querer una cosa así; pero una vez sabido, no repugna a la razón. Repugnaría si naturaleza y persona fueran términos sinónimos. Contradictorio sería que una naturaleza humana fuera a la vez divina o viceversa. Pero no lo es que una Persona divina, sin dejar de ser Dios, es decir, sin dejar de poseer la naturaleza divina, venga a tomar posesión de una naturaleza humana hasta el punto de que Él mismo se haga Sujeto de esa humanidad.

La fe católica enseña que Dios, a la vez que formó una naturaleza humana en el seno inmaculado de María, se hizo Sujeto del hombre concebido en María por obra del Espíritu Santo. De manera que, desde el instante en que la Virgen dijo *«fiat»*, el Verbo pudo decir: «este hombre soy Yo». Jesús, engendrado por obra del Espíritu Santo, es verdadero hombre porque tiene una naturaleza real y perfectamente humana. Y es verdadero Dios, porque la persona que sustenta esa naturaleza no es otra que la del Verbo. El Verbo –Dios eterno–, misteriosamente, viene a ser hombre: uno de nuestra misma especie, alguien con una naturaleza igual a la nuestra (salvo el pecado), pero con una singularidad irrepetible: ese hombre es el Verbo. El «yo» de ese hombre, Jesús, es el «Yo» divino del Verbo.

La persona no es el cuerpo, ni el alma; ni el cuerpo y el alma unidos. Cuerpo y alma componen la naturaleza humana, hacen a un hombre perfecto y completo. Pero decir *persona* es decir más que hombre perfecto: es decir sujeto irreductible, independiente, autónomo respecto a cualquier otro; del que predicamos la generación, la concepción, el nacimiento, la filiación. En este sentido, el «sujeto» de Jesús, o, más exactamente, el «sujeto» llamado Jesús, hijo de María, es verdaderamente el Verbo.

En Cristo, pues, *no hay persona humana,* lo que no obsta para que su naturaleza humana sea perfecta: tiene todas las perfecciones que tiene o puede tener cualquier naturaleza humana. También está sostenida, actualizada, vivificada, por una persona, con la particularidad de que ésta es la Segunda de la Santísima Trinidad. María concibió, por obra del Espíritu Santo a un verdadero hombre que era, desde el primer instante de su existencia, verdadero Dios.

Que María es Madre del hombre Jesús, no tiene duda, por la sencilla y contundente razón de que le da todo lo que una madre da a su hijo. Pero es preciso añadir enseguida: el «quién» de Jesús es el de la Segunda Persona de la Trinidad. Ahora bien, las verdaderas madres lo son del hijo completo, es decir, de la naturaleza y de la persona. Es lógico, porque persona y naturaleza son realidades distintas, pero *no separables.* De ahí que justa y verdaderamente se llame a María Madre de Dios, por haber concebido la naturaleza humana de Jesús, cuya persona es divina. Volvamos a decir: María da a Jesús –es decir, a Dios Hijo– todo lo que una madre da a su hijo. Ella es, pues, sin lugar a dudas y en un sentido propio Madre de Dios Hijo.

Esta explicación encaja perfectamente con la formulación católica del dogma, definido por la Iglesia en el Concilio de Efeso (año 431) frente a los errores de Nestorio: «la Santa Virgen es Madre de Dios, pues dio a luz carnalmente al Verbo de Dios hecho carne»[1]. El Concilio de Calcedonia enseñó que Cristo fue «engendrado de María Virgen, Madre de Dios, en cuanto a la humanidad»[2]. Y añade que no puede llamarse a «la Virgen María Madre de Dios en sentido figurado»[3], hay que afirmarlo en sentido propio.

---

[1] DS 252.
[2] DS 301.
[3] DS 427.

A lo largo de la Historia de la Iglesia, el Magisterio, sin cesar, ha ido saliendo al paso de los distintos errores acerca del misterio de la Maternidad divina, afirmando, entre otras cosas, que Jesucristo:

–Es «el Hijo de Dios... trabajó con manos de hombre, pensó con inteligencia de hombre, obró con voluntad de hombre, amó con corazón de hombre. Nacido de la Virgen María, se hizo verdaderamente uno de nosotros, en todo semejante a nosotros, excepto en el pecado»[4].

–«Ni tomó un cuerpo celeste que pasó por el seno de la Virgen a la manera que el agua transcurre por un acueducto»[5], como pensaban los gnósticos.

–«De la Virgen nació su cuerpo sagrado (el de Cristo), dotado de alma racional, al cual se unió *hipostáticamente* el Verbo de Dios»[6].

El último Concilio Ecuménico Vaticano II, haciéndose eco de la constante enseñanza de la Iglesia, afirma en la introducción del capítulo VIII de la Constitución dogmática *Lumen gentium* que «efectivamente, la Virgen María, que al anuncio del Ángel recibió al Verbo de Dios en su alma y en su cuerpo y dio Vida al mundo, es reconocida y venerada como verdadera Madre de Dios y del Redentor»[7]. El Papa Juan Pablo II no se cansa de recordar este gran misterio, para gozo y fortaleza de todos los fieles[8].

---

[4] CEC, 470. Cfr. GS 22, 2; Concilio de Efeso, *Carta II de San Cirilo a Nestorio,* año 431; Concilio de Calcedonia, año 451; Concilio II de Constantinopla can. 6, año 553.

[5] Concilio Florentino, *Bula Cantate Domino,* 4-II-1442.

[6] Concilio de Efeso, *Carta II de San Cirilo a Nestorio,* año 431.

[7] LG, c. VIII, núm. 53.

[8] Cfr. RM. núm. 4.

La Maternidad divina de María en la Sagrada Escritura

Aunque no con la claridad del Nuevo Testamento, en el Antiguo, no faltan veladas alusiones al misterio que estamos estudiando[9]. Comenzando por Eva, a pesar de su desobediencia, porque de su linaje saldrá una vencedora del Maligno y verdadera «madre de los vivientes»[10]. Sara, en edad avanzada, concebirá un hijo[11] y se le dirá, como a María, que «nada es imposible para Dios»[12]. María concebirá y dará a luz un Hijo cuyo nombre es *Emmanuel* [Dios con nosotros][13]. Judit será «bendita entre las mujeres»[14]. Y preanuncios (tipos) claros de María son también Débora, Rut, Ester y muchas otras. También aparece en el Antiguo Testamento una figura llamada *gebirah,* o madre del rey, reina madre, con dignidad y poderes ante el mismo rey. Por ejemplo, Salomón se postra delante de su madre Betsabé y la sienta en su trono[15]. Veremos a María coronada por la Trinidad como Reina y Señora de todo lo creado. Finalmente, varios profetas hablan simbólicamente de una «Hija de Sión» que representa el misterio del pueblo de Israel en los tres aspectos de Esposa, Madre y Virgen, que se realizarán plenamente en el misterio de María.

En el Nuevo Testamento la maternidad divina de María

---

[9] Cfr CEC, núm. 489.

[10] Gen 3, 15. Analizaremos más adelante este texto.

[11] Cfr. Gen 18, 10-14; 21, 1-2.

[12] Gen 18, 14 y Lc 1, 37.

[13] LG núm. 55.

[14] Judit 13, 18-19 y Lc 1, 42.

[15] Cfr. 1 Reg 2, 12-20. En Mt 1, 22-23; 2, 11; Lc 1, 32b-33; 1, 43, se percibe el eco de esta figura.

se afirma *implícitamente,* siempre que habla de Ella como «Madre de Jesús», el cual declaró sin lugar a dudas que es Dios, cosa que entendieron muy bien sus enemigos, los cuales en ello vieron blasfemia y encontraron pretexto para llevarle a la cruz[16]. El texto más primitivo es *Gálatas 4, 4-5*, donde el Apóstol menciona a María sin nombrarla. Dice de Jesús que fue «nacido de mujer»[17]. Marcos llama a Jesús «hijo de María» e «Hijo de Dios»[18]. En Mateo y Lucas la palabra Madre se emplea tanto en el relato de la Concepción como en el del Nacimiento[19]; al anunciar a María, el Ángel le dice: «concebirás y darás a luz un hijo, a quien pondrás por nombre Jesús»[20].

El Nuevo Testamento enseña también *explícitamente* el misterio:

El ángel dice a María: «El Espíritu Santo vendrá sobre ti, y la virtud del Altísimo te cubrirá con su sombra, y por eso el hijo engendrado será santo, será llamado hijo de Dios»[21]. El hijo de María se llamará «Emmanuel... Dios con nosotros»[22]. A José, el Ángel le anuncia que Jesús «salvará a su pueblo» (1, 21c), expresión que en el AT se reserva a Dios. Y que lo salvará «de sus pecados» (1, 21d), poder que se atribuye sólo a Dios[23]. Ilustrada por el Espíritu Santo, Isabel saluda a María, «¿de dónde a mí que la madre de mi Señor

[16] Cfr. Jn 10, 30-33.

[17] Cfr. LG VIII y RM núm. 1.

[18] Cfr. Mc 1, 1; 12, 6-8; 13, 22; 15, 19.

[19] Cfr. Mt 1 y Lc 2.

[20] Lc 1, 31.

[21] Lc 1, 31.

[22] Mt 1, 23b-c.

[23] Cfr. Mt 9, 2-3; Mc 2, 7.

venga a mí?»[24]. Los judíos llamaban a Dios «su Señor». Y por el contexto, tanto el próximo como el remoto, hay que entender aquí el título de «Señor» en sentido trascendente, divino.

Los Santos Padres muy cercanos a la enseñanza de los Apóstoles, como san Ignacio de Antioquía († 107), hablan de la maternidad de María. Cabe destacar a san Justino († 165), san Ireneo († 202), Tertuliano († 220/230), san Hipólito († 235). Orígenes es el primero que nos da noticia de la feliz fórmula «Theotókos» (= Madre de Dios), que encontramos luego en autores tan importantes como san Atanasio, san Dídimo, san Gregorio de Nisa, san Cirilo de Jerusalén, san Epifanio de Salamina, san Juan Damasceno. El término latino equivalente se encuentra en san Ambrosio de Milán, san Jerónimo y otros.

Dignidad de la Madre de Dios

«Por el hecho de ser Madre de Dios, afirma santo Tomás de Aquino, tiene una dignidad en cierto modo infinita, a causa del bien infinito que es Dios. Y en esa línea no puede imaginarse una dignidad mayor, como no puede imaginarse cosa mayor que Dios»[25]. Ella es la única que junto con Dios Padre puede decir al Hijo de Dios: Tú eres mi Hijo[26]. En la misma línea, dice Cayetano: «María, al concebir, dar a luz y alimentar con su leche al Dios humanado, llegó a los confi-

[24] Lc 1, 43.
[25] Santo Tomás, *S. Th.* I, q. 25, a. 6, ad 3.
[26] Cfr. Ibidem, ad 4.

nes de la divinidad con su operación propia y natural»[27].

Es cierto que hay un riesgo de exceso verbal en la proclamación de la excelsa dignidad de María. El Concilio Vaticano II «exhorta con empeño a los teólogos y a los predicadores de la palabra divina a que, al considerar la dignidad singular de la Madre de Dios, se abstengan cuidadosamente, tanto de toda falsa exageración como de una excesiva estrechez de espíritu»[28].

Exageración sería considerar a la Virgen revestida de una dignidad divina sin conexión con Aquél a quien Ella sabe que debe todo cuanto es y puede: su Hijo. La maternidad divina es evidentemente un don sobrenatural del todo gratuito. María se sabe «esclava del Señor», conoce que su dignidad se debe enteramente a su Creador y Redentor. Pero no podrá considerarse nunca justamente como exageración lo que el Magisterio mismo y la Liturgia de la Iglesia *(lex orandi, lex credendi)* afirman de Ella: Hija de Dios Padre, Madre de Dios Hijo y Esposa del Espíritu Santo. Para orientarse, bastaría leer el capítulo VIII de *Lumen Gentium,* o cualquiera de los documentos Marianos pontificios: por ejemplo, la Exhortación Apostólica *Marialis cultus.* Así, «la liturgia no duda en llamarla "madre de su Progenitor" y saludarla con las palabras que Dante Alighieri pone en boca de san Bernardo: 'hija de tu Hijo'»[29]. El resumen puede ser: «más que Ella sólo Dios»[30].

---

[27] Cfr. Comentario a *S. Th.* I-II, q. 103, a 4, ad. 2.

[28] LG, 67.

[29] RM, núm. 10.

[30] Cfr. Beato Josemaría Escrivá, *Camino,* 496.

Hija de Dios Padre, Madre de Dios Hijo, Esposa del Espíritu Santo

Juan Pablo II ha insistido en esta fórmula –Hija de Dios Padre, Madre de Dios Hijo, Esposa de Dios Espíritu Santo– que pone de manifiesto de un golpe de vista la dignidad excelsa de María[31]. María es de un modo eminente hija de Dios Padre. Es la única criatura que puede decir con Dios Padre a Dios Hijo: «¡Hijo mío!».

María es *Esposa del Espíritu Santo,* no por cierto en el mismo sentido en que una mujer es esposa de un varón, pero sí en el sentido de que es el Espíritu Santo quien la llena de gracia, la introduce en la intimidad de la vida intratrinitaria y después «plasma en su seno virginal, la naturaleza humana de Cristo»[32]. Aunque este título fue discutido con ocasión del Concilio Vaticano II, que concluyó sin usarlo, sin embargo lo han hecho posteriormente Pablo VI y Juan Pablo II[33].

Sede de todas las gracias

Predestinada a ser Madre de Dios, María había de ser también predestinada a ser digna Madre de Dios[34]. Era necesario, según la lógica divina, que en el corazón de María hubiese un afecto que aventajase todo lo natural, que alcanzase hasta el supremo grado de Gracia, a fin de que tuviese

---

[31] RM, núm. 8.
[32] RM, núm. 1.
[33] Cfr. Pablo VI, MC, AAS 66 (1974) 173 ss.; RM núm. 26.
[34] Cfr. LG 56; CEC 490.

para su Hijo los sentimientos propios de una Madre de Dios para un Hijo-Dios.

Del misterio de la plenitud de Gracia en María se han señalado, entre otros, tres aspectos:

a) La total ausencia de pecado y la perfección de todas las virtudes en el alma de María[35].

b) Lo que santo Tomás llama *refluentia* o *redundantia* de la gracia del alma sobre la materialidad del cuerpo de María, que se encontró siempre de algún modo –muy misterioso para nosotros– «introducida» en la vida íntima de la Trinidad.

c) Como consecuencia de lo anterior, María es, en cierto modo, fuente de Gracia para los hombres (en unión, subordinada, por participación, de Cristo)[36].

El misterio de la «Gratia plena» nos introduce en el que vamos a estudiar a continuación: la Inmaculada Concepción de María Santísima.

---

[35] Cfr LG 53.

[36] Vd. Fernando Ocáriz, *María y la Trinidad,* en Scrip. Theol. 20 (1988/2-3), pp. 771-772 b.

Capítulo II

LA INMACULADA CONCEPCIÓN

Entre los privilegios que Dios ha otorgado a la Virgen María, en atención a su excelsa dignidad de Madre de Dios y en virtud de los méritos de su Hijo, es de destacar el de su *Inmaculada Concepción*, reconocido por la Iglesia desde sus comienzos, y definido como dogma de fe el 8 de diciembre de 1854 por el Papa Pío IX en la Bula *Ineffabilis Deus.* En esta Carta Apostólica, el Romano Pontífice, «no hizo sino recoger con diligencia y sancionar con su autoridad la voz de los Santos Padres y de toda la Iglesia, que siempre se había dejado oír desde los tiempos antiguos hasta nuestros días»[1]. El análisis del texto de la definición nos será útil para conocer el significado de los términos y el perfil del dogma: *«Declaramos, pronunciamos y definimos que la doctrina que sostiene que la Santísima Virgen María, en el primer instante*

---

[1] FC I, párr. 2.

de su Concepción fue, por singular gracia y privilegio del Dios omnipotente, en previsión de los méritos de Cristo Jesús, Salvador del género humano, preservada inmune de toda mancha de culpa original, ha sido revelada por Dios y, por tanto, debe ser firme y constantemente creída por todos los fieles»[2].

Es claro que el dogma se refiere no a la concepción virginal de Cristo realizada en María por obra del Espíritu Santo, sino a la concepción por la cual María fue engendrada en el seno de su madre. También es de advertir que el dogma se refiere no a la concepción «activa», obra de los padres de María, sino al «término» de esa acción, es decir a la concepción que podemos llamar «pasiva»: el resultado de la concepción activa, que es precisamente el «ser concebido» de María. Ella, María, es la concebida sin pecado original.

La definición dogmática excluye la teoría de quienes afirmaron en los siglos XIII y XIV, que la Virgen, habiendo contraído de hecho el pecado original, estuvo sometida a él por un instante *(per parvam morulam)*, para ser enseguida santificada por Dios en el seno de su madre.

Con la expresión «inmune de toda mancha de culpa original», la Iglesia confiesa que María en ningún momento y en modo alguno fue alcanzada por la culpa original que se transmite por generación a la humanidad desde nuestros primeros padres. Por eso Pío XII, en *Fulgens corona,* explícita que cuando se habla de María ni siquiera «cabe plantearse la cuestión» de si tuvo o no algún pecado, por exiguo que pudiera pensarse: «es tan pura y tan santa que no puede concebirse pureza mayor después de la de Dios»[3].

---

2 InD, DS 2800-2804.

3 Sobre la «plenitud de gracia», ver nt 42 y FC, I.

La inmunidad otorgada a María es una gracia del Dios todopoderoso que constituye un «privilegio singular» ¿Podría haber alguna otra excepción a esa ley común? No consta que la voluntad del Papa al definir el dogma de la Inmaculada Concepción de María fuera excluir absolutamente cualquier otra excepción, ni, por supuesto, consta en parte alguna que la haya. No obstante, Pío XII, en *Fulgens corona* dice que «este singular privilegio» es «a nadie concedido» sino a la que fue elevada a la dignidad de Madre de Dios[4].

La Tradición apostólica y el Magisterio

La verdad expresada en la definición de la Inmaculada, no se ha obtenido como una conclusión *deducida* a partir de la Revelación, o por su conexión con alguna otra verdad revelada, sino que se trata de una verdad *formalmente revelada* por Dios. Se encuentra afirmada en la Iglesia desde los primeros siglos. Al través de la historia ha habido progreso en el conocimiento y explicación, pero la verdad era conocida desde los comienzos de la Iglesia como divinamente revelada[5].

Sólo en la época escolástica comenzaron los teólogos a discutir sobre este asunto. Pero ya Sixto IV, en los años 1476 y 1483 aprueba la Fiesta y el oficio de la Concepción Inmaculada, prohibiendo calificar como herética la sentencia in-

[4] Cfr. FC, I, párr. 5.
[5] Ver FC, I.

maculista. Clemente XI, el año 1708, extiende la fiesta de la Inmaculada como fiesta de precepto a toda la Iglesia Universal.

Solución de las dificultades teológicas

La dificultad que algunos teólogos tuvieron antes de la declaración dogmática para reconocer sin lugar a dudas la Inmaculada Concepción de María, era la *universalidad* de la Redención operada por Cristo. ¿Cómo explicar la excepción en la herencia del pecado original que todos recibimos y en la necesidad que todos tenemos de ser redimidos?

La respuesta del Magisterio es clara: en este punto no se trata de una excepción[6]. María no es una criatura exenta de redención, por el contrario: es la primera redimida por Cristo y lo ha sido de un modo eminente *en atención a los méritos de Jesucristo Salvador del género humano*[7]. De ahí le viene toda esta «resplandeciente santidad del todo singular» de la que ella fue «enriquecida desde el primer instante de su concepción»[8].

A la dificultad teológica sobre cómo podía una persona ser redimida sin haber contraído al menos un instante el pecado original, se responde con la distinción entre «redención liberativa» y «redención preservativa». La primera es la que se aplica a todos nosotros con «el lavado de la regeneración» bautismal[9]. La última es la que aconteció en María ya antes de que pudiera incurrir en pecado.

---

[6] Cfr. CEC 491.
[7] InD, DS 2803; LG 53.
[8] LG 53, 56.
[9] Cfr. Tit 3, 15.

Sagrada Escritura

La Iglesia ha entendido que en las Sagradas Escrituras existe un sólido fundamento de esta doctrina. Dios, después de la caída de Adán, habla a la pérfida serpiente con palabras que no pocos Santos Padres y Doctores, lo mismo que muchísimos autorizados intérpretes, aplican a la Santísima Virgen: «pondré enemistad entre ti y la mujer, entre tu descendencia y la suya...»[10]. Es el famoso texto llamado *Protoevangelio* por ser el primer anuncio –por cierto, inmediato al pecado– de la Buena Noticia (=Evangelio) de la Redención futura. Se interpreta «descendencia» («linaje») no sólo en sentido colectivo y moral, sino también en sentido cristológico y mariológico, enseñando que en él se expresa de modo insigne la enemistad de Cristo Redentor y de María, su Madre, contra el diablo[11].

Así como de la primera Eva partió la ruina del género humano, la nueva Eva, María, asociada a Cristo Redentor, consigue una victoria absoluta, sin excepción alguna, contra el mal que es el pecado[12]. Para esto mismo toman base los Padres y Escritores eclesiásticos de aquellas palabras en que el ángel Gabriel, en la Anunciación, llama a María «en nombre y por orden de Dios» *llena de gracia*[13]. En tan singular y solemne salutación, nunca hasta entonces oída,

---

[10] Gen 3, 15.

[11] Conviene advertir que la interpretación mariológica de Gen 3, 15 no surge de la falsa lectura de «ipsa» en vez de «ipsum», ya que aparece por primera vez entre los griegos e incluso la sostienen posteriormente quienes leen correctamente «ipsum» en vez de «ipsa».

[12] Cfr. León XIII, Enc. *Augustissimae Virginis;* Pío XII, Bula *Munificentissimus Deus.*

[13] Lc 1, 28.

dicen los Padres que «se da a entender que la Madre de Dios fue la sede de todas las gracias divinas y que fue adornada con todos los carismas del Espíritu Santo, hasta el punto de no haber estado nunca bajo el poder del mal y de merecer oír, participando a una con su Hijo de una bendición perpetua, aquellas palabras que Isabel pronunció movida por el Espíritu Santo: Bendita tú entre las mujeres y bendito el fruto de tu vientre»[14].

Razones divinas

Cuando el Magisterio de la Iglesia define un dogma no obedece a un «capricho dogmaticista» ni a una razón puramente estética. Nos basta su autoridad, pero la ejerce siempre fundada en razones. Indaga en la Sagrada Escritura, en la Tradición apostólica, en el sentido de los fieles y también se pregunta por las razones que ha podido tener nuestro Padre Dios para hacer las cosas de un modo que a veces no era de unívoca necesidad. Las razones más claras que la Iglesia ha encontrado para explicar el designio de Dios sobre el misterio que tratamos son las siguientes:

1. La *Maternidad divina.* María fue «dotada por Dios con dones a la medida de una misión tan importante»[15]. Pues «esta excelsa prerrogativa (...) mayor que la cual ninguna otra parece que pueda existir, exige plenitud de gracia divina e inmunidad de cualquier pecado en el alma, puesto que

[14] InD l.c.

[15] LG 56; CEC 490.

lleva consigo la dignidad y santidad más grandes, después de la de Cristo»[16].

2. *El amor de Dios a su Madre:* «¿Cómo nos habríamos comportado, si hubiésemos podido escoger la madre nuestra? Pienso que hubiésemos elegido a la que tenemos, llenándola de todas las gracias. Eso hizo Cristo: siendo omnipotente, sapientísimo y el mismo Amor, su poder realizó todo su querer (...). Los teólogos han formulado con frecuencia un argumento semejante, destinado a comprender de algún modo el sentido de ese cúmulo de gracias de que se encuentra revestida María y que culmina con la Asunción a los cielos. Dicen: *convenía, Dios podía hacerlo, luego lo hizo*[17]. Es la explicación más clara de por qué el Señor concedió a su Madre, desde el primer instante de su inmaculada concepción, todos los privilegios. Estuvo libre del poder de Satanás; es hermosa *–tota pulchra!–*, limpia, pura en alma y cuerpo»[18].

3. El *CEC* indica otra poderosa razón de la gran conveniencia de la plenitud de gracia de María desde el primer instante de su concepción: para poder dar el *asentimiento libre* de su fe al anuncio de su vocación era preciso que ella estuviese totalmente poseída por la gracia de Dios[19]. La respuesta de María al mensaje divino del Ángel requería toda la fuerza de una *libertad purísima,* abierta al don más grande que pueda imaginarse y también a la cruz más pesada

---

16 FC, l.c. Cfr. LG 53.

17 Cfr. Juan Duns Escoto, *In III Sententiarum,* dist. III, q. 1.

18 Beato Josemaría Escrivá, *Es Cristo que pasa,* núm. 171; Cfr. CEC 490.

19 Cfr. CEC 722.

que jamás se haya puesto sobre el corazón de madre alguna, la «espada» de que le habló Simeón en el Templo[20]. Aceptar la Voluntad de Dios implicaba para la Virgen cargar con un dolor inmenso en su alma llena del más exquisito amor. Era muy duro aceptar tal suerte para quien había de querer mucho más que a Ella misma[21]. La Virgen María necesitó toda la fuerza de su voluntad humana, las virtudes infusas y los dones del Espíritu Santo en plenitud para poder decir –con toda consciencia y libertad– su rotundo *fiat* al designio divino. Esta enorme riqueza espiritual no rebaja un punto su mérito; sencilla y grandiosamente hace posible lo que sería humanamente imposible: da a María la capacidad del *fiat*. Pero Ella puso su entera y libérrima voluntad. Para entendernos: Dios me ha dado a mí la gracia de responder afirmativamente a mi vocación divina. Sin esa gracia no habría podido decir que sí; pero con ella no quedé forzado a decirlo. Podía haber dicho que no, pues, en principio, la vocación divina no es un mandato inesquivable, sino una invitación: «Si quieres, ven y sígueme»[22].

Privilegios incluidos en la plenitud de gracia

a) *Inmune de toda imperfección voluntaria*[23], en modo alguno inclinada al mal. Esto es teológicamente cierto[24].

---

[20] Cfr. Lc 2, 35.

[21] Cfr. Is 53, 2-3.

[22] Lc 10, 21.

[23] Cfr. por ejemplo, San Agustín, *De nat. et gratia,* XXXVI; Cfr. CEC 493.

[24] Cfr. LG 56.

b) Con *plenitud de Gracia inicial,* como ya hemos visto, y *plenitud creciente de Gracia en el transcurso de su vida.* La plenitud de Gracia inicial de María no fue absoluta, infinita, como la de Jesucristo Hombre (unido hipostáticamente al Verbo), sino relativa. Era plena y perfecta, pero no infinita. Podía crecer y de hecho, al corresponder en todo momento a las mociones de Dios, creció a lo largo de su vida. Es sentencia común de los teólogos, que en el momento de la Encarnación, como consecuencia del «fiat», recibió un aumento de Gracia que sería notabilísimo. Es lógico si pensamos que Cristo Hombre es Causa (subordinada a la Causa primera, que es Dios) de la Gracia. Por lo demás, el amor recíproco entre el Hijo y la Madre sería una causa ininterrumpida de incremento de Gracia para Ella.

Sin embargo, es seguro que María estuvo sujeta al dolor y padeció al corredimir con Cristo. El privilegio de la Inmaculada Concepción, lejos de sustraer el dolor de María, más bien aumentó en Ella su capacidad de sufrimiento, y la dispuso de tal modo que no desaprovechó ninguno de esos dolores y sufrimientos dispuestos o permitidos por el Padre, ofreciéndolos con los de su Hijo por nuestra salvación.

La criatura que está en lo más alto, no es, con todo, la más lejana a nuestra poquedad. La Iglesia ha salido al paso de errores sobre este particular, y ha proclamado en el Concilio Vaticano II que María es «Aquélla, que en la Santa Iglesia ocupa después de Cristo el lugar más alto y el más cercano a nosotros»[25].

---

[25] LG VIII, 54; Cfr. FC I y InD.

Capítulo III

VIRGINIDAD DE MARÍA

Hay un puñado de misterios divinamente entrelazados: el misterio de la Santísima Trinidad, el misterio de la Encarnación del Verbo, el misterio de la maternidad humana y divina de María. Es Madre desde que dice «fiat» del *Emmanuel,* Dios con nosotros, nacido del Padre antes de todos los siglos, y concebido por Ella; fecundada por la omnipotencia creadora del Espíritu Santo, resultando así el Dios perfecto ser también perfecto hombre.

La maternidad divina de María es el principal y más grande misterio que se refiere a su persona y con vista a ese prodigio inmenso que se realizará unos años después, María ha sido concebida sin mancha alguna de pecado, llena de gracia; y llamada a permanecer virgen para siempre. Maternidad y virginidad: son alternativas de la mujer, excluyentes por naturaleza, que Dios quiere reunir milagrosamente en su Madre.

Los que no creen en Dios todopoderoso, es lógico que no puedan entender cómo podría suceder que una mujer sea a la vez virgen y madre. Pero ése no debería ser su problema, ni arma arrojadiza contra la fe católica, puesto que, contra la lógica de la razón, suponen que Dios no existe, o que no es el Creador libre y todopoderoso de cuanto es.

Advirtamos que la fe católica afirma la virginidad *corporal* de María. La espiritual, entendida como fidelidad, santidad, etc., que también la afirma, no presentaría mayor dificultad a la razón. Lo que choca es la virginidad en sentido físico, corporal, material de una madre. Lo que desconcierta a la razón es que la Iglesia, desde los inicios, afirme que María es Madre de Jesús en este sentido: Jesús fue concebido *absque semine ex Spiritu Sancto,* esto es, sin elemento humano, por obra del Espíritu Santo[1].

Uno de los Credos que rezamos en ocasiones en la Misa, resume lo más nuclear de la fe católica, y dice así: «Creo en Jesucristo (...) Nuestro Señor, que fue concebido por obra y gracia del Espíritu Santo, nació de Santa María Virgen». El texto latino del Credo es muy expresivo: *«ex María Virgine»*[2], es decir, no sólo «en» María, sino «de» María, de su ser, de su carne. «Ella –dice Juan Pablo II–, en su humana y virginal substancia, queda fecundada con la potencia del Altísimo. Gracias a esta potencia y en virtud del Espíritu Santo, Ella se convierte en Madre del Hijo de Dios, aun permaneciendo Virgen»[3].

---

[1] Cc Letrán, año 649, DS 503; CEC 496.
[2] Símbolo Constantinopolitano, DS 150.
[3] Juan Pablo II, *Homilía en el Santuario de Pompeya,* 21-X-79.

Por si fuera poco, no se afirma solamente que Jesús fue concebido virginalmente, sino que también nació de modo virginal. Lejos de menoscabar la integridad del cuerpo de su Madre, Jesús la dejó intacta al nacer. Y la Iglesia, además, proclama con san Agustín: María «fue Virgen al concebir a su Hijo, Virgen al parir, Virgen durante el embarazo, Virgen después del parto, Virgen siempre»[4]. Los términos son inequívocos y la extensión del dogma de la virginidad de María no admite duda: María es la siempre virgen, en todos los sentidos de la palabra.

¿No choca esta afirmación a la consideración racional del asunto? Es indudable que sí. Precisamente, los relatos evangélicos[5] presentan la concepción virginal como una obra divina que sobrepasa toda comprensión y toda posibilidad humanas: «Lo concebido en ella viene del Espíritu Santo», dice el Ángel a José a propósito de María, su desposada[6]. La Iglesia ve en ello el cumplimiento de la promesa divina hecha por el profeta Isaías: «He aquí que la virgen concebirá y dará a luz un Hijo»[7]. Y la Liturgia celebra a María como la *«Aeiparthenos»*, la «siempre-virgen»[8].

El escapismo de quienes pretenden interpretar la revelación divina en términos espiritualistas o parciales, se disuelve ante tan contundentes y autorizadas definiciones.

---

4 S. Agustín, *Serm.* 186, 1; CEC 510.

5 Cfr. Mt 1, 18-25; Lc 1, 26-38.

6 Cfr. Mt 1, 20.

7 Is 7, 14 según la traducción griega de Mt 1, 23. Cfr. CEC 497; cfr. DS 291, 294, 427, 442, 503, 571, 1880.

8 Cfr. LG 52; CEC 499.

Sagrada Escritura

Estaba escrito en el Libro de Isaías 7, 14. El profeta contempla el hecho prodigioso que significa y traerá la salvación al pueblo de Dios: «La virgen ha concebido y ha dado a luz un hijo, que será llamado [es decir, «será»] *Inmmanu-El,* esto es, Dios-con-nosotros». En resumen, el contexto de Is 7, 14, exige el significado de concepción y parto virginales de la doncella-virgen y las formas verbales «ha concebido» y «ha dado a luz», tienen valor de perfecto y, por consiguiente, se refieren también a la condición virginal persistente después de la concepción y del parto.

El Evangelio de Mateo

Mateo 1, 18-25 nos da hecha la interpretación auténtica de Is 7, 14. El Evangelista viene a decir: el Emmanuel es Jesucristo; la Virgen grávida y que da a luz es Santa María.

La profecía de Is 7, 14 tiene su cumplimiento en la concepción y parto virginales de María. Su Hijo, Jesús, es el Emmanuel que salvará a su pueblo de sus pecados. Pío VI, en el año 1779, condenó la interpretación de Is 7, 14 opuesta al sentido mesiánico que hemos indicado[9].

El mismo Evangelista, Mateo, afirma que el Ángel del Señor reveló a José que «lo concebido en Ella (María) es del Espíritu Santo».

También lo afirma indirectamente el Evangelio de Mateo al presentar la genealogía de Jesús, que arranca de Abraham:

---

[9] Cfr. *Enchir. Biblicum,* 4.ª ed. núm. 74.

«Abraham engendró a Isaac; Isaac engendró a Jacob; Jacob engendró a Judá y a sus hermanos...». Así hasta llegar a José, de quien dice: «Jacob engendró a José, el esposo de María, de la cual nació Cristo». Después de una larga lista de varones que engendraron hijos, el Evangelista hace un quiebro literariamente espectacular y en lugar de decir que «José engendró a Jesús», contra toda lógica literaria, dice: «José, Esposo de María, de la cual nació Jesús, que es llamado Cristo»[10]. La intención, en el contexto es clara: excluir la intervención de José en la concepción de Jesús; pero le menciona, para dejar claro el cumplimiento de una profecía: el Mesías sería de la casa de David y José es quien sirve a la verdad de la profecía, siendo padre legal de Jesús, aunque no lo es según la sangre.

El Evangelio de Lucas

La primera noticia que Lucas nos da de María es que se trata de «una virgen desposada con un hombre llamado José, de la casa de David; el nombre de la Virgen era María»[11]. No es de extrañar que el evangelista nos hable de una «virgen desposada». La costumbre judaica establecía dos etapas. «En primer lugar, se contraía el matrimonio propiamente dicho. Pero los jóvenes esposos no pasaban a cohabitar inmediatamente. Seguían viviendo durante un cierto tiempo en el seno de las familias respectivas, y sólo al cabo de algunas semanas o de algunos meses (según las costumbres locales) se cele-

[10] Mt 1, 1-17.
[11] Lc 1, 26-27.

braba la segunda fase. Entonces iba el joven a buscar solemnemente a su esposa a la casa de sus padres con el fin de introducirla en su propio hogar. Únicamente a partir de este momento podían los esposos mantener relaciones íntimas»[12].

Cuando Lucas nos presenta a la Virgen desposada, indica que estaba ya desposada, pero aún no vivía con José bajo el mismo techo[13]. Las primeras palabras de María suenan a una rotunda afirmación de su virginidad física. La pregunta «¿cómo se hará esto?» plantea muchos interrogantes acerca de su significación. Sin embargo la continuación de la frase «pues no conozco varón», es inequívoca: equivale a decir exactamente: «pues yo soy virgen». Otro dato incuestionable, si nos atenemos al texto de Lucas, es que el Ángel confirma a María en su virginidad (cosa insólita en su contexto cultural religioso) y la esclarece con el anuncio de su maternidad extraordinaria: «El Espíritu Santo vendrá sobre ti y el poder del Altísimo te cubrirá con su sombra; porque el que nacerá santo (quizá = "santamente", según el concepto levítico) será llamado (=será) Hijo de Dios». María concebirá en su seno un hijo por obra del Espíritu Santo, sin intervención alguna de varón. La actual exégesis bíblica confirma que la expresión «Por lo cual, lo que nacerá santo...» puede muy bien significar textualmente que el nacimiento de Jesús será también virginal, es decir, sin lesión alguna para la madre y, por consiguiente sin pérdida de sangre: «non ex sanguinibus», no de la sangre, dirá más tarde

[12] I. de la Potterie, *María en el misterio de la Alianza,* Madrid 1993, p. 54.

[13] Cfr. Lc 1, 26-38.

san Juan[14]. El Mesías anunciado sería no ya un hombre extraordinario, sino Dios en Persona, el Hijo Unigénito del Padre, que por obra del Espíritu Santo, sería también Hijo del hombre, por serlo de Ella, pero sin concurso de varón[15].

Evangelio de Juan

Entre líneas puede leerse la concepción virginal en el Evangelio de san Juan, cuando en el prólogo, que arranca de la consideración del Verbo de Dios, explica que los que creen en su nombre (del Hijo de Dios, Verbo eterno del Padre) «no han nacido de la voluntad de la carne, ni del querer de hombre, sino de Dios». Acto seguido proclama: «Y el Verbo se hizo carne, y habitó entre nosotros»[16].

Una objeción inconsistente

Una objeción a la virginidad perpetua de María, que persiste a pesar de su inconsistencia (entre gentes que desconocen la cultura bíblica) es la alusión que los Evangelistas hacen a los «hermanos» de Jesús[17]. Es bien sabido que en los idiomas antiguos hebreo, árabe, arameo (la lengua hablada por Jesús), etc., no había palabras concretas para indicar los

[14] Cfr. I. de la Potterie, *o.c.*, pp. 62, 63.
[15] Respecto al «silencio» de Marcos, ver CEC 498.
[16] Jn 1, 13-14.
[17] Cfr. Mt 12, 46-47; 13, 55; Mc 3, 31-32; Jn 7, 3-10.

grados de parentesco que existen en otros idiomas más modernos. En general, todos los pertenecientes a una misma familia, clan, incluso tribu, eran «hermanos». «Hermanos» se llamaba a los sobrinos, los primos hermanos y los parientes en general. Así, por ejemplo, en Gen 13, 8 y 14, 14.16 se llama a Lot hermano de Abraham, mientras que por Gen 12, 5 y 14, 12 sabemos que era sobrino, hijo de Aram, hermano de Abraham. En Gen 29, 15 se llama a Labán hermano de Jacob, cuando era hermano de su madre (Gen 29, 10). Esta confusión se debe a la pobreza del lenguaje hebreo y arameo: carecen de términos distintos y usan una misma palabra, hermano, para designar grados diversos de parentesco. Mc 6, 3, da una lista de hermanos de Jesús, entre ellos Santiago y José, quienes por Mc 15, 40 y Jn 19, 25, sabemos eran hijos de María de Cleofás.

Enseñanza de los Padres y del Magisterio

Los Padres de la Iglesia están de acuerdo en afirmar la perpetua virginidad de María. Ya hemos visto algunos ejemplos: san Agustín, san Ignacio de Antioquía, a los que podríamos añadir una interminable lista. Sobre todo, a partir del siglo IV, utilizan con mucha frecuencia el título de «siempre Virgen» y son muchas las obras dedicadas a la perpetua virginidad de Santa María.

El hecho de la virginidad de María está asegurado por una larga serie de decisiones de la Iglesia. Desde el *Símbolo apostólico,* al *Símbolo de Constantinopla* (a. 381) y el Concilio de Letrán (a. 649)[18]. *Lumen gentium* se refiere a este misterio cuando dice que María «presentó a los pastores y a los Magos a su Hijo primogénito, que lejos de menoscabar consagró su integridad virginal»[19].

La razón ante el misterio de la maternidad virginal de María

El «escándalo» intelectual sólo podría sobrevenir a quienes niegan a Dios o su omnipotencia. ¿Acaso Dios no ha creado el universo, no ha sido el causante de lo que hoy suele llamarse «big-bang» que dio lugar al cosmos que hoy conocemos? ¿No ha sido Dios el creador de la vida? ¿No ha sido Él quien infundió en una materia preexistente, el «aliento de vida» que llamamos «alma», resultando así la criatura que llamamos «hombre»? ¿El Creador de la inmensidad del cosmos, con toda su prodigiosa gama de perfecciones, no puede fecundar con su «sombra» (su poder todopoderoso) una célula del seno virginal de María haciendo que «de Ella» (no sólo «en Ella») sea concebido un hijo?

La respuesta negativa es la que resultaría ininteligible. Sería la negación del poder creador de Dios y, en consecuen-

[18] El Concilio de Letrán en el Canon 3 es también muy explícito: «Si alguno, según los Santos Padres, no confiesa que propia y verdaderamente es Madre de Dios la santa y siempre virgen e inmaculada María, ya que concibió en los últimos tiempos sin semen, del Espíritu Santo, al mismo Dios-Verbo propia y verdaderamente, que antes de todos los siglos nació de Dios Padre, y que dio a luz sin corrupción, permaneciendo indisoluble su virginidad aún después del parto, sea condenado»; Pablo IV, en la Const. *Cum quorumdam* (a. 1555); y DS 504; 1880.

[19] LG 57.

cia, de Dios mismo. Lo absurdo, para quien reconoce a Dios como Causa primera trascendente de cuanto existe, sería negar la posibilidad de fecundar a una mujer, sin concurso de varón.

Motivos de Dios para querer a su Madre virgen

El Catecismo de la Iglesia Católica se ocupa de presentar en síntesis las misteriosas razones que la mirada de la fe, unida al conjunto de la Revelación, puede descubrir en los designios salvíficos de Dios sobre la maternidad virginal de María Santísima. «Estas razones –dice– se refieren tanto a la persona y a la misión redentora de Cristo como a la aceptación por María de esta misión para con los hombres»[20]. Baste destacar aquí la *armonía con las demás verdades reveladas.*

Autores de los siglos III-IV consideran el tema de la virginidad en la concepción como un signo y manifestación del Verbo Divino, concluyendo que Dios no podía nacer sino de una Virgen y que sólo una Virgen podía concebir a Dios. «Tal es el parto que a Dios convenía», dice san Ambrosio. Y santo Tomás, resumiendo la sustancia de esta tradición, concluye que «la generación humana de Cristo había de ser reflejo de la divina, que se produce sin corrupción alguna»[21].

Ciertamente se ven razones de conveniencia para que el Hijo Unigénito del Padre, tenga Madre, pero no otro padre. Y que la concepción no sea por querer de hombre[22], puesto

---

[20] CEC 502-506; Cfr. LG 63.

[21] S. Th. III, q. 28, a. 1-3; *Contra Gentes* IV, 45.

[22] Cfr. Jn 1.

que su encarnación tiene como finalidad elevar al hombre a una filiación nueva, no natural, sino sobrenatural, divina.

Significado antropológico y escatológico de la virginidad

Por lo demás, la maternidad virginal es sin duda una revelación sobre el valor que tiene a los ojos de Dios la virginidad de alma y cuerpo, superior incluso a la del gran sacramento del matrimonio, al que están llamados, con vocación verdaderamente divina, la gran mayoría de los fieles. Lejos de dejar incompleta a la persona, la virginidad asumida, como es el caso de María, como entrega y dedicación total a Dios, en cuerpo y alma, la perfecciona con una fecundidad insospechada.

«Aun habiendo renunciado a la fecundidad física –dice Juan Pablo II–, la persona virgen se hace espiritualmente fecunda, padre y madre de muchos, cooperando a la realización de la familia según el designio de Dios»[23]. La virginidad perpetua hace de María el símbolo vivo del orden nuevo instaurado por el Espíritu Santo, el símbolo excelso del Reino de Dios y de la existencia escatológica, «pues en la resurrección, ni ellos tomarán mujer ni ellas marido, sino que serán como ángeles en el cielo»[24]. Ciertamente, «no todos entienden este lenguaje –dice el Señor–, sino aquellos a quienes se les ha concedido (...) Quien pueda entender, que entienda»[25]. Sin embargo, ¿no bastará un poco de buena voluntad para recibir la luz de Dios?

[23] Juan Pablo II, *Familiaris consortio,* 22-XII-1981, 16.

[24] Mt 22, 30.

[25] Mt 19, 12.

Capítulo IV

LA ASUNCIÓN DE LA SANTÍSIMA VIRGEN

La asociación de María al misterio del Verbo encarnado y Redentor no podía acabar en la tierra, debía tener su plenitud en el cielo, desde donde la Madre junto al Hijo ejerce sin cesar su influjo salvífico sobre el mundo. Unida por su maternidad divina al Salvador en el misterio de su Encarnación, asociada maternalmente al Redentor en la obra misma de la Redención junto a la Cruz, tenía que ser partícipe del triunfo del Resucitado que ejerce su señorío sobre toda la creación.

El término «Asunción»

En Mariología la palabra *asunción* tiene un significado exclusivamente pasivo y se dice sólo de María, que es la *asunta*, y no así de Dios, que es el asumente. También podría decirse sin error en un sentido *activo* de María, puesto que Ella es asunta al Cielo en virtud de su alma gloriosa unida a su cuerpo. Pero no es menos cierto que la virtud o vigor del alma gloriosa de María es donación y gracia de Dios. Por eso, para evitar confusiones, es preferible afirmar que el cuerpo de María fue asumido por virtud de Dios, mientras que la humanidad de Cristo fue elevada al Cielo por la propia virtud de Cristo (Dios).

Corrientemente se habla también de la asunción refiriéndose a las personas que mueren en estado de gracia: «Dios lo ha llevado al cielo», «Dios se lo ha llevado», «Dios lo ha tomado para sí». El término tiene aquí un claro sentido pasivo como cuando se aplica a la Asunción de María. Pero nadie pretende significar entonces que se trata de una asunción en sentido psicosomático, es decir, en cuerpo y alma. Es sólo el alma la que va al cielo. En cambio, cuando la palabra *asunción* se aplica a María tiene un significado *psicosomático,* total, es decir, de su cuerpo y de su alma. Es más, se acentúa el traslado *del cuerpo* (unido al alma) de María.

Contenido del dogma

El día 1 de noviembre de 1950, Pío XII definía como dogma de fe la Asunción de María en cuerpo y alma a la gloria celeste. Las palabras solemnes y definitorias son éstas: «Pronunciamos, declaramos y definimos ser dogma divinamente revelado: que la Inmaculada Madre de Dios, siempre Virgen María, cumplido el curso de su vida terrena, fue asunta en cuerpo y alma a la gloria celeste»[1].

---

[1] *Munificientissimus Deus* 3900-3904.

Se define que la Asunción de María tuvo lugar «cumplido el curso de su vida terrena». Por lo tanto, la glorificación del cuerpo de María no se aplaza hasta el fin de los tiempos, como sucederá en los demás santos. El cuerpo de la Santísima Virgen no sufrió la injuria más leve de las leyes naturales que producen la descomposición cadavérica. «Recibió anticipadamente la suerte de todos los justos»[2]. Lo que en los demás será culminación final, con la resurrección de los cuerpos, en María se ha cumplido ya «entera y totalmente en la culminación escatológica»[3].

El tránsito de María al cielo

El Papa Pío XII quiso prescindir, en la definición dogmática, de la cuestión sobre la muerte de María. La expresión «cumplido el curso de su vida terrena» es igualmente válida tanto si se entiende que el término de la vida terrenal de la Virgen fue la muerte, como si se piensa que fue la glorificación del cuerpo mediante la definitiva donación de la inmortalidad gloriosa sin pasar por la muerte. Es de advertir no obstante que a lo largo de la Bula se alude repetidas veces a la muerte de María. Pero, de hecho, la frase «cumplido el curso de su vida terrena» indica la intención de *no* definir si María murió o no. Sería falso, pues, concluir que la fórmula definitoria favorece o la negación o la afirmación de la muerte de María. La cuestión, más bien se deja en el estado en que se encontraba antes de la definición.

[2] Cfr. Pablo VI, *Professio fidei* núm. 15, AAS 60 (1968), pp. 438-439.
[3] Joseph Ratzinger, cit. Fernando Ocáriz, Scripta Th., l.c., 3, d.

En cualquier caso, queda claro que el cuerpo santísimo de la Madre de Dios no sufrió la más mínima corrupción y el tenor de la definición dogmática permite concluir con certeza que, si de hecho el alma de María se separó algún momento de su cuerpo, fue para reunirse inmediatamente con él. No es pues aventurado pensar la muerte de la Virgen –del todo singular– en términos de dulcísimo sueño o de un éxtasis inmediato a la Asunción. Es indudable que el amor de Dios por su Madre dispondría con su omnipotencia todos los detalles para que el *tránsito* de la que había ya «casi muerto»[4] místicamente, en el Calvario, corredimiendo con Cristo, fuese exento de cualquier dolor y vivido con toda felicidad[5].

Razones de este dogma

a) La creencia universal de la Iglesia Católica.
b) La plena asociación de la Madre de Dios con su Hijo.
c) La armonía entre los grandes privilegios marianos.

La glorificación anticipada de María parece ser exigida por la disposición psicológico afectiva que la maternidad divina supone en el Hijo. Desde el momento en que nuestro Redentor es Hijo de María, no podía menos de honrar, como observador perfectísimo que era de la divina ley, además de al Eterno Padre, también a su Madre queridísima.

---

[4] Cfr. Benedicto XIV, Carta *Inter sodalicia,* 22-III-1918: «juntamente con su Hijo paciente y muriente, padeció y casi murió».

[5] Puede verse, para una interpretación de los hechos, John H. Newman, *Discursos sobre la fe,* Madrid 1981, pp. 361-362.

Pudiendo, pues, darle tanto honor y gloria de eternidad al preservarla inmune de la corrupción, es lógico concluir que lo hizo.

También la maternidad virginal, y más concretamente la virginidad en el parto, nos conduce por la senda de la incorrupción cuando pensamos en el cuerpo santísimo de María. El cuerpo de María tan graciosa y divinamente poseído no puede ser presa de la corrupción. Podría afirmarse que exige los esplendores de la glorificación.

De otra parte, «nuestra aspiración a la vida eterna parece cobrar alas y remontarse a cimas maravillosas, al reflexionar que nuestra Madre celeste está allá arriba, nos ve y nos contempla con su mirada llena de ternura»[6]. María Asunta es imagen y anticipo de la Iglesia en su estadio escatológico y, por eso, foco de esperanza y de consuelo para la Iglesia que peregrina en la Tierra.

Finalmente, la Asunción de María nos recuerda su poder de intercesión y nos invita a un culto de plegaria. Al igual que Cristo resucitado «vive siempre para interceder por nosotros»[7], María, glorificada anticipadamente, vive con una solicitud intercesora por cada uno de sus hijos. La piedad popular y el arte mariano han representado el misterio de la Asunción en el que aparece la Virgen llevada por los ángeles y aureolada de nubes. Aunque no es necesaria dicha intervención angélica, santo Tomás ve en ella la manifestación de reverencia que los ángeles y todas las criaturas tributan a los cuerpos gloriosos[8].

---

[6] Pablo VI, *Discurso* del 15-VIII-1963; LG núm. 68; Cfr. Vat II, *Sacrosantum Concilium,* núm. 103.

[7] Hebr 7, 25.

[8] Cfr. *S. Th. Supl,* q. 84, a 1, ad 1.

Capítulo V

REALEZA DE MARÍA

Al misterio de la Asunción acompaña una prerrogativa muy querida del pueblo cristiano: la Coronación de María Santísima como Reina y Señora de todo lo creado. *Lumen gentium* así lo declara: «la Virgen Inmaculada, preservada inmune de toda mancha de culpa original, terminado el curso de la vida terrena, en alma y cuerpo fue asunta a la gloria celestial y enaltecida por el Señor como Reina del Universo, para que se asemejara más plenamente a su Hijo, Señor de los que dominan[1] y vencedor del pecado y de la muerte»[2].

Redemptoris Mater insiste en que «la Madre de Cristo es glorificada como "Reina universal". La que en la anunciación se definió como "esclava del Señor" fue durante toda

[1] Cfr. Ap., 19, 16.

[2] LG 59; cit. CEC 966.

su vida terrena fiel a lo que este nombre expresa, confirmando así que era una verdadera "discípula" de Cristo, el cual subrayaba intensamente el carácter de servicio de su propia misión: el Hijo del hombre "no ha venido a ser servido, sino a servir y a dar su vida como rescate por muchos" (Mt 20, 28). Por esto María ha sido la primera entre aquellos que, "sirviendo a Cristo también en los demás, conducen en humildad y paciencia a sus hermanos al Rey, cuyo servicio equivale a reinar", y ha conseguido plenamente aquel "estado de libertad real", propio de los discípulos de Cristo: ¡servir quiere decir reinar!»[3].

Las razones teológicas

a) La divina Maternidad, pues en la Sagrada Escritura se lee del Hijo que una Virgen concebirá: «Hijo del Altísimo será llamado y a Él le dará el Señor Dios la sede de David, su padre, y en la casa de Jacob reinará eternamente, y su reino no tendrá fin»[4], y por esto se llama a María *Mater Domini*[5], de donde fácilmente se deduce que Ella es también Reina, pues engendró un Hijo, que en el mismo momento de su concepción, en virtud de la unión hipostática de la humana naturaleza con el Verbo, era Rey, aun como hombre, y Señor de todas las cosas.

---

[3] RM 41. Bajo esta luz se puede comprender hondamente la enseñanza de Pío XII en su Carta Encíclica *Ad Caeli Reginam,* en la que instituye para la Iglesia universal la festividad de Santa María Reina y desarrolla el sentido de esta tan regia como entrañable prerrogativa mariana.

[4] Lc 1, 32-33.

[5] Cfr. Ibíd. 1, 43.

b) Participación de María en la obra redentora. «Como Cristo por título particular de la Redención es Señor nuestro y Rey, así la Bienaventurada Virgen (es Señora nuestra) por el singular concurso prestado a nuestra redención, suministrando su sustancia y ofreciéndola voluntariamente por nosotros, deseando, pidiendo y procurando de una manera especial, nuestra salvación»[6].

Sería irrisorio desechar el título regio de María por una banal cuestión de palabras. El tema de la realeza de Cristo y María no es otro que el de la «recapitulación» en Cristo de todas las cosas. María ha sido asociada también a esta función de Cristo Señor. Con una cierta analogía, se puede afirmar que la Bienaventurada Virgen es Reina, no sólo por ser Madre de Dios, sino también porque, como nueva Eva, fue asociada al nuevo Adán.

c) La acción de la Virgen en la distribución de los frutos de la Redención. «María, sentada a la diestra de su unigénito Hijo, con sus maternas súplicas obtiene cuanto pide, y su voz será siempre escuchada»[7]. Es la llamada *Omnipotentia Suplex*, Omnipotencia suplicante. A este propósito, León XIII afirmó que «a la Santísima Virgen en el dispensar gracias se le ha concedido poder casi inmenso» y san Pío X añade que María desempeña este oficio «como por derecho materno»[8].

---

[6] Pío XII, CR.

[7] CR.

[8] Consideraremos más detenidamente este punto al hablar de María como Madre de la divina gracia y Dispensadora de todas ellas.

Reina que rige

En conclusión: María es Reina por ser Madre del Rey estrechamente asociada a Cristo Redentor y Santificador. Pero no es reina, por decirlo así, en plan «decorativo», sino porque, con Cristo Rey, «rige» el universo creado. Ella, con Cristo, es también Señora del tiempo y de la Historia. Y regir, en sentido propio, implica iniciativa y hasta capacidad decisoria.

No debemos olvidar que en Caná, donde se celebraron aquellas bodas a las que asistió María, Ella se encontraba *in ortu rerum,* en el centro desde donde se distribuían los ingredientes de la fiesta. Se acababa el vino y María discurre por *su cuenta:* piensa y se diría que decide que es llegada «la hora», el momento de que Jesús manifieste su poder sobrenatural, como Mesías. Y aunque no había llegado «la hora» según el plan de Jesús, se cumple lo que María ha discurrido y sugerido. De este modo, tan sencillo, tan femenino y tan eficaz, rige la Madre de Dios, como Reina y Señora, la Historia de la humanidad y –con toda su suavidad, con todo su respeto casi divino a la libertad de cada uno– rige también la vida de todos sus hijos.

No faltan acontecimientos contemporáneos que, para quien conoce las revelaciones privadas de la Virgen en Fátima, presentan todas las características de una intervención directa de María, rectificando el rumbo de la Historia. Pero todo aquél que se haya adentrado por los caminos interiores de la vida cristiana seguramente podrá contar experiencias muy claras, aunque no sean racional o empíricamente demostrables, de la intervención de la Virgen en momentos trascendentales de su vida. Esa acción benefactora, sin embargo, no se limita a espacios puntuales, sino a todo el curso de nuestra existencia.

Servir es reinar. Reinar es servir

Juan Pablo II ha glosado bellamente el misterio de la realeza de María: «María se ha autodefinido "esclava del Señor" (Lc 1, 38). Por su obediencia a la palabra de Dios ella ha acogido su vocación privilegiada, nada fácil, de esposa y de madre en la familia de Nazaret. Poniéndose al servicio de Dios, ha estado también al servicio de los hombres: un *servicio de amor.* Precisamente este servicio le ha permitido realizar en su vida la experiencia de un misterioso, pero auténtico "reinar". No es casualidad que se la invoque como "Reina del cielo y de la tierra". Con este título la invoca toda la comunidad de los creyentes, la invocan como "Reina" muchos pueblos y naciones. ¡Su reinar es servir. Su servir es reinar!

»De este modo debería entenderse la autoridad, tanto en la familia como en la sociedad y en la Iglesia. El "reinar" es la revelación de la vocación fundamental del ser humano, creado a "imagen" de Aquél que es el Señor del cielo y de la tierra, llamado a ser en Cristo su hijo adoptivo. El hombre es la única criatura sobre la tierra que "Dios ha amado por sí misma", como enseña el Concilio Vaticano II, el cual añade significativamente que el hombre "no puede encontrarse plenamente a sí mismo sino en la entrega sincera de sí mismo" *(Gaudium et spes, 24).*

»En esto consiste el "reinar" materno de María. Siendo, con todo su ser, un don para el Hijo, *es un don también para los hijos e hijas de todo el género humano,* suscitando profunda confianza en quien se dirige a ella para ser guiado por los difíciles caminos de la vida al propio y definitivo destino trascendente. A esta *meta final* llega cada uno a través de las etapas de la propia vocación, una meta que orienta el compromiso en el tiempo tanto del hombre como de la mujer»[9].

[9] Juan Pablo II, *Carta a las mujeres del mundo entero,* 29 de junio 1995, núm. 10.

Capítulo VI

COOPERACIÓN DE MARÍA EN LA SANTIFICACIÓN DEL HOMBRE

Hemos de prestar ahora particular atención a un hecho que nos importa sobremanera. Todo el magnífico retablo de maravillas que Dios ha puesto en el «ser» de María –*Inmaculada, Virgen, Madre de Dios, Asunta y Reina...*– tiene una finalidad que no termina en Ella, sino en nosotros, sus hijos. Ni siquiera en el Hijo, sino en los hijos, porque si el mismo Verbo se hace hombre *propter nostram salutem* (por nuestra salvación y santificación), María es concebida en la mente de Dios –y como consecuencia en el seno de su madre–, con vistas a *nuestra* salvación. María ha sido creada para recuperar el designio creador original sobre la humanidad y llevarlo a su plenitud mediante la redención y elevación del hombre a la vida intratrinitaria.

En este capítulo vamos a estudiar más directamente, aunque ya nos ha salido al paso en los anteriores, el lugar que le ha sido otorgado a María en la obra de la redención y santificación. Tan relevante es, que bien se ha llamado a María *Corredentora,* en un sentido muy literal y estricto. Como es lógico, dentro de la economía de la Redención, la corredención comporta santificación. Si María corredime con Cristo Redentor, María santifica con Cristo santificador. La cuestión esencial es: ¿María propiamente, es *causa* de redención y santificación en el Cuerpo Místico?

Vamos a ver que, en efecto, quiso Dios (en su libre y eterno designio) asociar a la obra de su Hijo, una Mujer, María, al extremo de que también Ella fuera en verdad *causa* de la salvación del género humano. Quizá tal aserto pueda parecer a primera vista una disparatada hipérbole. Sin embargo es una verdad cierta, en perfecta armonía con todos los demás misterios que implica la Redención y contenida tanto en la enseñanza de los Padres como en el Magisterio universal de la Iglesia. Para comprenderlo, nos conviene considerar a grandes trazos el designio divino sobre la humanidad antes y después de la caída original.

El pecado original y la unidad del género humano

Sucede con frecuencia que nos preguntamos: ¿cómo es posible que el pecado de Adán y Eva se transmita por generación a todos sus descendientes, por alejados que se encuentren de aquella lamentable caída? ¿Qué tengo yo que ver con ellos para sufrir lo que personalmente sólo incumbe a la primera pareja humana?

Planteada así la cuestión tiene muy difícil respuesta, por no decir imposible. Se trata no de cuestionarse *el hecho,* que está ahí, que lo vivimos todos los días. Menos aún cabe a un hijo de Dios pedir cuentas a un Padre que ha entregado la vida de su Unigénito por nuestra salvación eterna. Lo pertinente es indagar *en el hecho y sus consecuencias* perceptibles para ver si hallamos en ellos una respuesta satisfactoria, por misteriosa que resulte, que lejos de negar, nos confirme en las verdades incuestionables. No hemos de temer al misterio, que, cuando es verdad, es siempre luz que permite ver más de lo que esperábamos.

Si yo me encuentro con el pecado original en mi sangre y en mi espíritu, ha de haber una razón suficiente, he de hallar su principio en el Principio Absoluto, universal, que no es otro que el Amor de Dios. Y ahí, en efecto, se encuentra la respuesta.

Dios creó al hombre a su imagen y semejanza. Dios es Uno por naturaleza y Trino en Personas: «Unum et Trinum», Uno y Trino: unidad y pluralidad, unidad y diversidad. Dios, nos enseña Juan Pablo II, «es familia», porque en Él hay Paternidad, Filiación y la esencia de la familia que es el Amor. Por eso Dios crea al hombre «varón y varona», para que formen una familia, un «unum» a imagen de Dios-Familia. El inconmensurable número de miembros de la gran familia humana no había de ser obstáculo, al contrario, para la unidad, como la diversidad no es obstáculo para la Unidad del único Dios verdadero.

Cada persona humana (inmultiplicable, irrepetible) posee –a diferencia de lo que acontece en la Trinidad– una naturaleza *numéricamente* distinta a la que poseen las demás, pero en todos la naturaleza es *esencialmente* la misma. La persona es siempre una nueva creación. La naturaleza se multiplica por generación. La procreación humana da lugar a nuevas personas que comparten la misma naturaleza. Aunque todos tenemos una naturaleza numéricamente distinta, tenemos la misma naturaleza de Adán y Eva, creados ellos para ser «dos en una sola carne»: una unidad de dos, con una misma esencia; llamados a un mismo fin. Ellos debían «crecer y multiplicarse», ser los padres de una familia numerosísima, que llenara primero la tierra y después el Cielo. Una pluralidad de personas formando una estrecha y vital unidad. La magnitud del número no sería obstáculo para ser verdaderamente una familia, a imagen de la *Familia* que es Dios. La unión de los miembros de la familia humana había de ser el reflejo de la unión de las Personas divinas (en Dios, cada una «es» enteramente «en» las otras).

Según el plan divino original, a la unidad biológica, afectiva, espiritual, entre los miembros de la humanidad, se añadiría la unidad en la participación común en la vida sobrenatural de la Gracia santificante. Sería la *«común unión»*, en una palabra, la *«comunión»*, en una misma vida humana y en la vida de las tres Personas divinas. Ese era el designio divino que afirmaba, como sólo Él puede hacerlo, la unidad en la diversidad de la familia humana.

El pecado desbarata ese designio. Adán y Eva quiebran en ellos el amor de Dios, el vínculo de la unidad. Y como nadie puede dar lo que no tiene, se transmite la vida humana privada de los dones sobrenaturales y preternaturales que poseía al principio y en cambio carga con la división, causada por el pecado, entre Dios y el hombre y de los hombres entre sí. La familia humana ha perdido cohesión y pronto hará acto de presencia el crimen (Caín). La naturaleza humana se multiplicará sin la vida sobrenatural de la gracia que Dios le había otorgado al principio, con la debilidad de una criatura violentamente alejada del Creador.

Pero persiste lo que teológicamente hablando se llama *solidaridad*, que es mucho más que un sentimiento, un deseo, un querer o una actividad. Es una «común unión», una comunión vital. Hay una corriente vital, de vida, imperceptible a los sentidos, misteriosa, pero real, que recorre nuestra gran familia desde el principio al fin. La suerte de un miembro de la humanidad está en conexión vital con todos los demás. Por desgracia, el pecado nos ha hecho participar a todos en el mal. Nacemos en una «común unión» en el mal causado por nuestros primeros padres. Pero *o félix culpa!*, canta la Iglesia: ¡oh, qué gran suerte, qué maravilloso ha sido encontrarnos involucrados en la culpa original, porque, por mala e indeseable que sea aquella, da ocasión al Amor de Dios de manifestar su inmensidad! El pecado original «nos ha merecido» –tan inmenso es el Amor de Dios– un Redentor que es el mismo Verbo de Dios, la Segunda Persona divina, que se ha hecho hombre en las entrañas purísimas de María.

Pero Dios sigue suspirando por lo que Cristo Jesús, próximo ya a consumar la Redención, pedirá al Padre: «que todos sean uno, como Tú, Padre, estás en mí y yo en Ti»[1]. Y he aquí una maravilla en la que vale la pena profundizar: «El Hijo de Dios –subraya el Concilio Vaticano II– mediante su encarnación se ha unido en cierto modo con todo hombre». Pero, como ha señalado Juan Pablo II, «no se trata del hombre "abstracto", sino del hombre real, del hombre "concreto", "histórico". Se trata de "cada" hombre... en su única e irrepetible realidad humana (...). El hombre tal como ha sido «querido» por Dios, tal como Él lo ha «elegido» y

[1] Cfr. Jn 17, 11 y 21.

eternamente llamado, destinado a la gracia y a la gloria, tal es precisamente "cada" hombre, el hombre "más concreto", el "más real"; éste es el hombre, en toda la plenitud del misterio, del que se ha hecho partícipe en Jesucristo, misterio del cual se hace partícipe cada uno de los cuatro mil millones de hombres vivientes en nuestro planeta desde el momento en que es concebido en el seno de la madre»[2].

Estas palabras de Juan Pablo II están llenas de una luz que nos permite ver con claridad insospechada, en lo que cabe, el maravilloso misterio del Cuerpo Místico de Cristo y, por medio de él, el de nuestra unión con Cristo y María. El Cuerpo Místico (con mayúsculas) de Cristo es, en realidad, una sanación y elevación del cuerpo místico (con minúsculas) que ha sido desde el principio la humanidad.

Hay un momento en que Cristo Jesús nos revela aquel designio final que persigue Dios con la creación del hombre y su redención: *«ut omnes unum sint»*, que todos sean uno («unum»); pero no de cualquier manera, sino *«sicut tu Pater in me et ego in te»*.

> «Padre santo, cuida en tu nombre a los que me has dado, para que sean uno como nosotros (...). Yo les he dado la gloria que tú me diste, para que sean uno como nosotros somos uno: yo en ellos y tú en mí, para que sean perfectamente uno («unum»), y el mundo conozca que tú me has enviado y que los has amado a ellos como me has amado a mí»[3].

---

[2] Juan Pablo II, RH, 13.
[3] Jn 17, 11-23.

Palabras de grandeza y hondura incomparables. Dios quiere introducirnos en la vida íntima de la Trinidad de un modo tal que el Verbo puede decir, a lo humano: *como* el Padre está en el Hijo y el Hijo está en el Padre, que tan *«unum»* son, que son «una sola cosa», una sola naturaleza.

¿Cómo es posible tan impresionante misterio? El pecado nos ofusca el entendimiento. La humanidad somos desde el principio «unum». Adán y Eva son en verdad nuestros *primeros padres.* Y formamos con ellos un «unum», que explica que su pecado (el pecado *original originante)* sea *personalmente* suyo, pero *naturalmente* nuestro. El *pecado original originado,* no es personal nuestro, pero es de nuestra familia. Es una carencia de santidad y un deterioro de la naturaleza que nos afecta íntimamente, porque somos de la misma carne y sangre que Adán y Eva.

El pecado original originado (lo que se nos transmite del pecado original originante) no se explica a partir de la pregunta: ¿cómo se comprende que yo tenga que cargar con una culpa que sólo concierne a los lejanísimos Adán y Eva? Es una cuestión metodológicamene mal planteada. La cuestión es: ¿cómo es posible *el hecho* de que me afecte tan profundamente el pecado de Adán y Eva? Y se explica bastante bien concluyendo que yo soy «unum» con ellos, que a su vez eran «unum» entre ellos (dos en uno, *duo in carne una).* Solidaridad vital entre los que tienen en las venas la misma sangre. Y como, en nuestro caso, la «sangre», los «huesos», nuestro cuerpo entero es «personal» (de personas con alma espiritual) hay también una solidaridad espiritual entre todos los miembros de la humanidad. Por eso, de una forma misteriosa, pero estrictamente «natural», somos «unum» en Adán y Eva (que eran «unum» entre sí).

El pecado deteriora el «unum» humano original. La ilusión divina, queda frustrada. Pero Dios no está dispuesto a perder la familia que ha creado a su imagen. Envía a su Unigénito al mundo, que se haga uno de los nuestros, que con la fuerza infinitamente unitiva del Amor divino infunda en el «unum» humano savia nueva, capaz de restaurar el «unum» perdido y elevarlo e introducirlo en el «Unum» divino trinitario. Es una maravilla tan impresionante como cierta. Tanto, que san Agustín, con su poderosa inteligencia ilustrada por la Fe, alcanza a comprender una síntesis formidable: *sólo hay dos hombres: Adán y Cristo.*

Gracias a esa solidaridad, se ha llevado a efecto entre Cristo y la humanidad el *admirabile commercium* (maravilloso intercambio), por el cual Cristo carga sobre sí con todo el cúmulo de pecados de los hombres, satisfaciendo infinitamente por ellos ante el Padre. Ahora, los hombres podemos ser interiormente renovados por la gracia de Dios y ser «constituidos justos»[4], cuando se nos aplican los méritos de la vida, pasión y muerte del Señor. Por la solidaridad de toda la humanidad con Adán «entró el pecado en el mundo y por el pecado la muerte... incluso sobre aquellos que no pecaron con una transgresión semejante a la de Adán»[5]. De modo similar y con mayor fuerza, por la solidaridad con Cristo, el «nuevo Adán», podrán los hombres «recibir en abundancia la gracia y el don de la Justicia»[6]. Gracias a la solidaridad natural que cohesiona al género humano, Cristo se erige en *Cabeza de la humanidad* reno-

---

4 Rom 5, 19.
5 Rom 5, 12-14.
6 Rom 5, 17.

vada, revitalizada, llamada con más fuerza que nunca a la santidad original, más aún, a la superación de la original filiación divina, porque ahora se nos ha dado el poder de llamarnos –y ser de veras– *hijos en el Hijo*[7], formamos con Cristo y en Él *un mismo* Hijo del Padre[8].

Sólo así somos capaces de entender el pecado original originado y la redención operada por Cristo. Sólo así podemos meternos a fondo en el misterio de María, nueva Eva. Por eso hemos dado un aparente rodeo.

María, nueva Eva, Madre de los vivientes

Adán es nadie sin Eva y viceversa (porque no es concebible una persona sola, ni humana ni divina). La familia humana tiene un padre y una madre y ambos son miembros absolutamente necesarios para que haya un «unum» verdaderamente humano, imagen de la Trinidad. Para restaurar y elevar el «unum» humano hasta la intimidad de la Trinidad de Dios Uno, bastaba un hombre-Dios, el Verbo encarnado. Pero aunque no sea menester, ni quepa, estrictamente hablando, simetría alguna, la redención y santificación del hombre no hubiera sucedido de la manera mejor posible –adecuada a la humana naturaleza, al modo de ser humano– si el Redentor hubiese sido un «varón solitario». Jesucristo es el Redentor, el Nuevo Adán –así le llama ya san Pablo–, el Dios humanado, el hombre-Dios, la Vida necesa-

[7] Juan Pablo II, *Discurso,* 31-VIII-1983, núm. 1 (cfr. F. Ocáriz, *María y la Trinidad*, o.c.).

[8] Cfr. Fernando Ocáriz, o.c., 2, a.

ria al «unum» humano para zarpar de nuevo hacia su destino bienaventurado.

Pero, aunque podía, no quiso, no convenía que el Redentor redimiese solo, que el Santificador santificase solo, que el Verbo divinizase solo. Es más, lejos del temor luterano (que teme que la acción de la criatura ensombrezca, oculte o acaso anule la acción divina), la Trinidad decide, congruentemente con la obra de la creación, realizar la redención con la cooperación de cada hombre concreto. Bien lo comprendió san Pablo cuando escribió a los Colosenses que se gozaba en sus padecimientos *(in passionibus)* por ellos, ya que así cumplía en su carne lo que falta *(ea quae desunt)* a los padecimientos de Cristo, por su Cuerpo que es la Iglesia[9]. Cristo cuenta con Pablo para la salvación del mundo y la vida de la Iglesia. Pablo, como todo *fiel* cristiano «complementa» a Cristo en la obra de la salvación. Pablo sin Cristo no sería nadie, nada. Pero con Él, es «unum» con el Redentor: no multiplica al Redentor, no lo divide, sino que por designio de Amor, lo «complementa» y así «corredime» con Cristo. Lejos de ensombrecer o menoscabar la obra de Cristo la manifiesta llena de magnanimidad, de generosa misericordia. Dios se asocia un pecador, para liberarle de su pecado y abrirle las puertas del Cielo.

Pues bien, si Pablo es «unum» con Cristo; si Pablo está llamado a ser «unum» a semejanza del «Unum» trinitario, ¿cómo será el «unum» que forman Cristo y su Madre? ¿Qué densidad tendrá ese «unum»? Será una unidad *esencialmente* superior a la de cualquier otra criatura con Cristo.

El lugar de María en la obra de la salvación no es de

---

[9] Cfr. Col 1, 24.

simple acompañamiento, ni de mera intercesión ante el Hijo por los hijos, aunque sea éste el aspecto que muchos tratados subrayan sobre los demás. No es justo reducir la actividad de María a la intercesión, aunque se afirme con verdad que es la Omnipotencia suplicante. La Virgen interviene en la obra de Cristo –sin el cual Ella también sería nada– de un modo *intimísimo,* a lo largo y a lo ancho de toda la obra salvífica; y de un modo tan íntimo y mucho más, aunque de manera opuesta, que como intervino Eva en la consumación del pecado original. Si Eva estuvo inmersa del todo en el primer pecado, María estuvo inmersa entera en Cristo y bajo Él desde el primer instante de su Concepción Inmaculada.

Cuando Dios dijo proféticamente a la serpiente (el Maligno): «Yo pondré enemistad entre ti y la mujer, entre tu descendencia y la suya, que te aplastará la cabeza»[10], está situando junto al futuro Vencedor de Satanás a la Mujer, y esta Mujer, en concreto, es María. Dios pensó en la eternidad a María como «unum» con Cristo Cabeza de la humanidad redimida. La pensó implicada en una misma suerte para salvar a la humanidad caída. Y el plan refleja la sabiduría divina, que juega en la historia del mundo y del hombre a despecho de Satanás, que a su vez se esfuerza por desbaratar los planes de Dios. Satanás se sirvió de la mujer para arrastrar a Adán y a sus hijos al abismo del pecado y de la perdición. Dios se servirá de una mujer para realizar las maravillas de la Encarnación y de la Redención por medio de Cristo, Verbo encarnado en el seno de María. *Así,* dice

[10] Gen 3, 15.

Pietro Parente, *Dios da la vuelta a la trama de Satanás con sublime ironía.*

El *consorcio* de María con Cristo es pleno y explícito desde el *fiat.* Entendida en toda su amplitud, la Maternidad divina impone y justifica de raíz el principio de una *participación* –íntima, intensa y omniabarcante– de María en la entera vida y misión del Verbo encarnado. De suyo, esta asociación inserta a María en *toda la historia* de la redención y santificación[11]. Juan Pablo II enseña que la presencia activa –con y bajo Cristo– de la Virgen María, abarca todos los tiempos, toda la historia salvífica desde el comienzo hasta el fin, porque está en «todos los advientos de Dios». La acción y la presencia de María en la obra de la santificación recorre todo lo largo del gran río de la historia humana: «en todo el recorrido hay acción y presencia Mariana (...) Abarca todo el "cauce" de la historia», pero también «todo el "ancho" del río que desemboca en la vida eterna». Por eso Juan Pablo II dice que María también está presente en la historia tanto de un modo «longitudinal» como «transversal»: «¡En su seno el Verbo se hizo carne!». Y la Encarnación es el acontecimiento clave de la historia que alcanza desde Adán al último de los mortales. María es «unum» con Cristo en todos los momentos y fases de la Redención. Si Eva está presente, en cierto modo activa, en la sangre y en los huesos de todos los mortales, María está, desde el *fiat,* mucho más activamente presente en la vida de todos *los vivientes.*

Es Dios quien lo dispuso así. No se trata, ni remotamente, de que María se anteponga a Cristo. El misterio ha de ser

[11] Cfr. Armando Bandera, *Redención, mujer y sacerdocio,* Palabra, Madrid 1995, p. 340.

contemplado precisamente desde la cara inversa. Es la centralidad de Cristo la suprema razón de que María esté presente en todo lo que se refiere a nuestro trato con Él. En efecto, estamos viendo que, si Cristo es *Cabeza* de la Iglesia, lo es *inseparablemente* de María como Madre.

Cristo ha venido a reconducir todas las cosas a su origen, Dios. En términos de san Pablo ha venido a *recapitular* todo lo que, por el pecado de Adán *había perdido la cabeza* y con ella, la interconexión, la solidaridad, el orden, la belleza y, en cierto sentido, la verdad y la bondad. El universo se encontraba acéfalo, o, lo que es quizá peor, con una cabeza enajenada por el pecado, incapaz de orientar y dirigir el todo hacia su fin en Dios Uno y Trino. Era menester «encabezar», «recapitular», «reinstaurar» el orden, la verdad, la bondad, la belleza originales y llevarlo todo a plenitud. Cuando el Verbo se hace carne, la humanidad y el universo entero vuelven a tener cabeza; nada menos que la humanidad del Verbo humanado, Cristo, perfecto Dios y perfecto hombre, que nos revela nuestro propio misterio, nuestro origen en el Amor del Padre y nuestro destino final en el mismo Amor de Dios Trino. A la vez, Dios mismo se hace *camino:* Cristo es el Camino, la Verdad y la Vida.

Cristo es la Cabeza indiscutible y única por derecho propio. En este sentido es único literalmente hablando: es el único Mediador, como afirma san Pablo y en estas páginas se reitera más de una vez. Pero ha querido tener junto a sí, estrechamente unida, asociada en su quehacer redentor y santificador, a una Mujer. Y la Mujer ha sido María, su Madre. Veremos un poco más adelante que Ella no es un miembro más del Cuerpo (Místico) de Cristo, es un miembro no sólo excelente, sino eminente, sobrepasa en perfección y gracia a todos los demás, se encuentra a la vez en el Cuerpo (la Iglesia) y por encima, trascendiendo el Cuerpo (la Iglesia). Por un milagroso acontecimiento biológico «María ha llegado a ser (...) la "madre-nodriza" del Hijo del hombre», pero hay mucho más: ha llegado a ser, por gracia, «también la "compañera singularmente generosa" del Mesías y Redentor»[12].

Si Adán era cabeza de la humanidad, también lo era Eva y sin Eva no era nada. Cristo es el Verbo hecho carne, pero si a la vez se constituye en «nuevo Adán», es lógico que pensemos y busquemos una «nueva Eva». Es lo que hicieron los más antiguos Padres de la Iglesia y la encontraron enseguida. La «nueva Eva» es la Virgen María, Madre de Jesús.

La Sagrada Escritura proporciona pistas que hoy nos resultan inequívocas[13]. Y los Padres de la Iglesia presentan a María de modo expreso como «nueva Eva» desde mediados del siglo II (san Justino y san Ireneo)[14]. A partir del siglo IV los testimonios se multiplican (san Efrén de Siria, los Padres Capadocios, etc.). En el siglo V, el Concilio de Éfeso favorece el desarrollo de la doctrina sobre la Maternidad espiritual, con Cirilo de Alejandría.

El Magisterio continúa la enseñanza de los Padres. María es la auténtica «Madre de los vivientes»; «la muerte vino por Eva, la vida por María». Eva engendra en dolor y corrupción y María en gozo e incorrupción; Eva engendra hijos en pecado y condenados a muerte y María engendra hijos a la vida de la Gracia y llamados a la resurrección gloriosa. Si

---

[12] RM 39; LG 61: ver LG 53.

[13] Cfr. 1 Cor 15, 22 y 45.

[14] San Ireneo, *Adversus haereses*, 5, 19, 1: SC 153, 248 (PG 7, 1175); y otros lugares. San Justino, *Dial. cum Tryphone* 100, 4-5.

Eva ha sido de alguna manera el principio de todo el mal de la humanidad, puede decir san Bernardo, por contraste, que María es *el principio de todo bien (Initium totius boni)*[15].

María es también la Mujer del capítulo 12 del último libro sagrado, el *Apocalipsis* de san Juan: la antigua Serpiente –dice proféticamente–, la que seduce a toda la tierra, el Dragón se lanzó en persecución de la Mujer y marchó a hacer la guerra contra el resto de su descendencia. Ella gritaba en los dolores y las angustias del parto. La continuidad del mensaje es evidente. La Mujer victoriosa vestida de sol y coronada de estrellas ocupa el lugar de la primera Eva[16].

El principio absoluto de la vida, tanto la natural como la sobrenatural, por supuesto, es la Trinidad. Pero la Trinidad otorga a la criatura, en diversos modos y medidas la capacidad de dar (no sólo tener) en determinadas condiciones, vida natural y vida sobrenatural. En lo tocante a la vida participativa de la vida divina, la comunica en primer término a la humanidad de Cristo –nuevo Adán, nueva Cabeza, principio de una nueva creación, de una nueva vida– y, por Él, a la que es de un modo especialmente íntimo, «unum» con Él. María es llamada *Mater et Socia Christi.* A diferencia de Eva, María es «unum» con el nuevo Adán, Cristo, no como esposa[17], sino fundamentalmente como Madre. Cristo, varón, ha querido, acomodándose a lo más conveniente para la redención de humanidad como un todo, asociar a la Mujer en su obra redentora, de modo que ocupe –con Él y

---

[15] San Bernardo, *Serm.* CLXXXIII.

[16] Cfr. Lucien Deiss, *María, Hija de Sión,* Ed. Cristiandad, Bilbao 1959, pp. 212-213 y 306.

[17] Cfr. RM 39.

bajo Él– un lugar íntimo y trascendental en la historia de la Salvación de todo hombre, de toda mujer.

En suma, si Eva es «madre de los vivientes» abocados por ella misma a la muerte, María es *madre de los vivientes con vida eterna,* divina. Madre en un sentido más profundo y valioso que lo es Eva. Madre de verdadera vida sobrenatural; «madre –dirá *Lumen gentium*– en el orden de la gracia».

Propio de una madre es concebir, dar vida, transmitir vida, procrear «vivientes». Si María no hiciera esto no sería verdadera Madre nuestra. Pero lo es, porque la vida de la Gracia es *vida:* es vivir en Cristo y, por Él, en Dios Uno y Trino. Pues bien, esa vida es concebida por María.

Maternidad espiritual de María

María es Madre nuestra no en un sentido natural –esto es obvio–, pero sí en un *sentido real, espiritual y místico* porque es Madre de Cristo, no sólo del Cristo personal, sino del *Cristo total (Cabeza y miembros);* no sólo según el cuerpo físico de Cristo, sino también del indivisible Cuerpo Místico de Cristo.

María es Madre por estar estrechamente, maternalmente –divinamente– asociada con Cristo Cabeza de la Iglesia. He aquí cómo se expresa san Pío X: «¿No es acaso María Madre de Cristo? Pues también es Madre nuestra. Todos deben tener muy presente que Jesús, que es el Verbo de Dios hecho carne, es también el Salvador del género humano. Ahora bien, en cuanto Dios-Hombre, Él adquirió un cuerpo concreto como los demás hombres. Pero en cuanto Salvador de nuestro linaje, consiguió un cierto cuerpo espiritual o, según se dice, *místico (...).* Por consiguiente, la Virgen no concibió tan sólo al Hijo eterno de Dios para que, recibiendo de Ella una naturaleza humana, se hiciese hombre; sino también para que, mediante esta naturaleza recibida de Ella, fuese el Salvador de los mortales (...). Así, pues, en el mismo seno virginal de la Madre, asumió Cristo para sí una carne y, al mismo tiempo, adquirió un cuerpo *espiritual,* el cuerpo formado por aquellos *que habían de creer en Él.* De tal forma, que puede decirse que María, cuando llevaba en su seno al Salvador, gestaba también a todos aquellos cuya vida estaba contenida en la vida del Salvador. Así pues, todos cuantos estábamos unidos con Cristo y, según frase del Apóstol, somos "miembros de su cuerpo, de su carne y de sus huesos"[18], hemos salido del seno de María a semejanza de un cuerpo unido con su cabeza. De donde, en un sentido ciertamente espiritual y místico, nosotros somos llamados hijos de María y Ella es Madre de todos nosotros. *Madre en espíritu, pero evidentemente Madre de los miembros de Cristo, que somos nosotros»*[19]. El realismo con que se expresa san Pío X es impresionante e inequívoco: María es Madre en un sentido propio. María nos ha concebido en Cristo, nos ha alumbrado en Cristo, nos nutre en Cristo.

Se trata de una inefable dignación, de misericordia y de bondad, que el Espíritu del Padre y del Hijo no sólo nos conforme al Hijo, para poder exclamar «Abba, Padre»; sino que también nos infunda un espíritu de filiación en relación con María, por el que podamos igualmente exclamar: «Madre, Madre»...

---

[18] Efes 5, 30.

[19] San Pío X, *Ad diem illum,* 2-XI-1904.

La espiritualidad de esa nueva vida no niega, al contrario, la consistencia, la intensidad, la realidad de la vida de que se habla.

Maternidad universal

La Maternidad espiritual de María tiene una dimensión universal, porque todo hombre de algún modo está unido a Cristo mediante la Encarnación. Ahora bien ¿María es madre de todos los hombres –desde los más santos a los más pecadores– de la misma manera y en el mismo grado? Para responder a esta cuestión cabe acudir a la analogía con la unión de los hombres con Cristo: «Cristo es cabeza de los hombres, pero en diverso grado. Primera y principalmente es cabeza de aquellos que actualmente están ya unidos con Él por la gloria; en segundo lugar, es cabeza de los unidos a Él por la gracia y la caridad; el tercer grupo de quienes Cristo es Cabeza son aquellos que tienen fe, y por ella se unen a Cristo, aunque no tienen Gracia; en cuarto término, Cristo es también Cabeza de aquellos que no están unidos a Él ni por la Gracia ni por la fe, pero que están en potencia de unírsele y realmente se le unirán (...); finalmente, es cabeza aun de aquellos que de ningún modo están unidos a Cristo, ni se le unirán (aunque podrían hacerlo) (...); y sólo éstos dejan totalmente de ser miembros de Cristo cuando mueren, porque entonces pierden para siempre hasta el poder de unirse con Cristo»[20].

Según esto, cabe decir que María es Madre de los biena-

---

[20] S. Th., III, q. 8, a. 3.

venturados del Cielo de modo «excelente»; es Madre de las personas en gracia de modo «perfecto», ya que éstas poseen vida sobrenatural completa; es Madre de los cristianos en pecado mortal de modo «imperfecto», porque estos no tienen vida sobrenatural completa, sino únicamente su inicio, que es la fe; es Madre de modo «potencial» o «de derecho» respecto a los no bautizados, ya que está destinada por Dios a engendrarlos en la perfecta vida sobrenatural. De los condenados que se hallen en el infierno, María no es Madre en modo alguno[21], pues ya no les cabe en absoluto la unión con Cristo.

Sin embargo, mientras nos encontremos aquí en la tierra, siempre podremos hacer valer el título que asume el beato Josemaría Escrivá en uno de sus entrañables textos: «¡Madre mía! Las madres de la tierra miran con mayor predilección al hijo más débil, al más enfermo, al más corto, al pobre lisiado...

–¡Señora!, yo sé que tú eres más Madre que todas las madres juntas... –Y, como yo soy tu hijo... Y, como yo soy débil, y enfermo... y lisiado... y feo...»[22].

Corredentora con Cristo

Sabemos ya que María ha sido constituida en Madre de los hijos de Dios en Cristo. Veamos ahora que *ha merecido* también esa gracia (no nos referimos a la de la maternidad

[21] Cfr. Javier Ibáñez-Fernando Mendoza, *María como Madre de la Iglesia,* Palabra 233, XII- 1984 (859), p. 31.

[22] Beato Josemaría Escrivá, *Forja,* 234.

divina, sino a la espiritual respecto a los hijos) que la convierte en Nueva Eva, Corredentora con Cristo[23]. La unión, hasta la plena identificación mística, de María con el Hijo de Dios y suyo, es obra del Espíritu Santo y de la correspondencia de María. Por ello podemos hablar propiamente de la corredención de la Virgen de Nazaret. Comienza cuando, ante el anuncio del Arcángel Gabriel, en representación de toda la humanidad, da su consentimiento a la realización de un matrimonio espiritual entre el Hijo de Dios y la naturaleza humana. Al aceptar libremente ser Madre de Dios, acepta la Encarnación del Verbo, y su propia asociación a la obra del Redentor, con Él y bajo Él. A partir de entonces, al abrazar de todo corazón y sin entorpecimiento de pecado alguno la voluntad salvífica de Dios, se consagra totalmente como *esclava del Señor* a la persona y a la obra de su Hijo. Las palabras «he aquí la esclava del Señor», atestiguan la total apertura del espíritu de María a la persona de Cristo, a toda su obra y misión[24].

La identificación con su Hijo, no cabe duda, abarca desde el principio todo el plan de salvación. Y fue *iuxta crucem Iesu,* junto a la Cruz de Jesús, donde con particular intensidad ejerció su misión corredentora. Allí, no sin designio divino, se mantuvo erguida[25], sin protesta, con un dolor como no hay ni puede haber otro, «sufriendo profundamente con su Unigénito y asociándose con entrañas de Madre a su sacrificio, consintiendo amorosamente en la inmolación de la víctima que ella misma había engendrado»[26]. «Una fue

---

[23] Cfr. Santo Oficio, 26 de junio de 1913.

[24] Cfr. RM 39.

[25] Cfr. Jn 19, 25.

[26] LG, núm. 58.

la voluntad de Cristo y de María; ambos ofrecían a Dios un mismo holocausto: María con sangre en el corazón; Cristo, con sangre en la carne»[27]. Sufre más que si padeciera mil muertes; muchísimo más que si fuera Ella la que estuviera enclavada. Se asocia de manera plena al sacrificio redentor del Hijo mediante «el sacrificio de su corazón de madre»[28]. Estaba, como afirma León XIII, «muriendo con Él en su corazón, atravesada por la espada del dolor»[29]. Ella padece con Cristo: «con-padece» en la plena identificación mística. «¿Qué podía hacer Ella? Fundirse con el amor redentor de su Hijo, ofrecer al Padre el dolor inmenso –como una espada afilada– que traspasaba su Corazón puro»[30].

¿Por qué aceptó sin protesta aquella tortura? La respuesta es ésta: «movida por un inmenso amor a nosotros, ofreció Ella misma a su Hijo a la divina justicia para recibirnos como hijos»[31]. Por nosotros muere Jesús y por nosotros sufre María. Ella que engendró a Dios y le dio a luz gozosamente, sufrió un parto dolorosísimo para convertirse en Madre nuestra, para colaborar con su Hijo en hacernos hijos de Dios y para hacernos también –por designio divino– hijos suyos. La contemplación de esta verdad conmueve a un corazón humano por duro que esté.

La Virgen une a la Pasión de Cristo su *Compasión:* a la Sangre de su Hijo, une sus lágrimas de Madre. Ella también «sacrifica, merece, redime»[32]. Satisface –de un modo subor-

---

[27] Arnaldo de Chartres (s. XII), PL. 189, 1726.
[28] DM, 9; Cfr. DV, 16; RM, núms. 38 y 39.
[29] León XIII, Enc. *Iucunda semper.*
[30] Josemaría Escrivá de Balaguer, *Amigos de Dios,* núms. 287, 288.
[31] León XIII, Enc. *Iucunda semper.*
[32] G. M.ª Roschini, *La Madre de Dios,* t. I, Madrid 1958, p. 546.

dinado y dependiente– la pena merecida por los pecados de todos los hombres que han sido, son y serán; y merece por su sacrificio las gracias de la Redención. Aunque el mérito de María sea diverso *–de congruo,* precisa san Pío X[33]– al mérito del Señor, Ella nos ha merecido *lo mismo* que nos ha merecido Cristo: no sólo la aplicación o distribución de las gracias, sino las mismas gracias: por la supereminente santidad que poseía y por la tan perfecta *compasión* que sufrió en la cumbre del Calvario. A su modo, mereció todas las gracias, excepto la primera que Ella recibió, merecida sólo por Cristo. «Lo inmenso de su caridad, la dignidad de sus actos satisfactorios, la magnitud de su dolor, nos revela toda la excelencia de su satisfacción. A quien nos objetase que a una satisfacción por sí misma suficiente, más aún, de infinito valor –como es la de Cristo–, no se puede añadir otra satisfacción, responderemos que la satisfacción de María no se añade a la de Cristo para aumentar el valor infinito de ésta, sino sólo para que se cumpla la ordenación divina, que lo ha dispuesto así libremente para la Redención del género humano»[34].

Son ilustrativas, nos parecen acertadas, las palabras de Hurth: «El Señor Jesús, hizo que su Madre, que estaba de pie junto a la Cruz, tomara parte en el acto mismo de su sacrificio; incluyó la voluntad de Ella dentro de la suya propia, y así hizo que su Madre, dentro de la voluntad de Él, tomara parte en la obra de la Redención. Fue el Hijo, no la Madre, quien realizó esta obra, pero incluyendo dentro de su propia voluntad la voluntad de su Madre»[35].

---

[33] Cfr. San Pío X, Enc. *Ad diem illum,* 2-II-1904.

[34] G. M.ª Roschini, o. c. p. 555.

[35] F. Hurth, *De cooperatione qualificata in delictis officialibus:* Per Re Mor Cant Lit 3 3 (1949) 339.

Corredentora sobre los corredentores con Cristo

Más que san Pablo y que todos los santos, de manera esencialmente superior, María «complementa» en su carne y más aún en su alma lo que, por providencia divina, faltaba *(ea quae desunt)* a la Pasión de Cristo. El valor redentor de lo que Ella aporta es enorme, porque María no es simplemente una persona entre muchas, está por encima de todas las demás. Es la Madre del Hijo de Dios y por su corredención es Madre espiritual de cada hombre redimido y Madre de la Iglesia. Y lo es no tanto porque Cristo nos la proclamó como Madre desde la Cruz (que es verdad), sino porque ya lo era, lo estaba siendo por su plena asociación al Sacrificio[36]. Las palabras «Mujer, ahí tienes a tu hijo», «ahí tienes a tu Madre»[37] son la solemne proclamación de estos vínculos de maternidad-filiación que, en el orden del espíritu, *existían ya* entre María y todos los hombres. Por eso, la cooperación mediadora de María, su corredención, «tiene un carácter específicamente maternal. Y la llevará a cabo lo mismo en la línea *ascendente* (cooperación maternal *corredentora)* que en la línea *descendente* (cooperación maternal de *intercesora* ante Dios y de *distribuidora* de todas las gracias)[38].

[36] Cfr. Jesús Polo, *María, Sagrario viviente del Espíritu Santo,* Scripta Theologica 19 (1987/3) 683-727, 1.

[37] Jn 19, 26-27.

[38] Cfr. Jesús Polo, *María, Sagrario viviente del Espíritu Santo,* Scripta Theologica 19 (1987/3) 683-727, 1; Cfr. LG núm. 51.

Madre de la Iglesia y de la Divina Gracia

Existe, pues, una realidad misteriosa en María por la que puede y debe llamarse «Madre nuestra». «Es verdaderamente madre de los miembros de Cristo por haber cooperado con su amor a que naciesen en la Iglesia los fieles, que son miembros de aquella cabeza, por lo que también es saludada como miembro sobreeminente y del todo singular de la Iglesia, su prototipo y modelo destacadísimo en la fe y caridad y a quien la Iglesia Católica, enseñada por el Espíritu Santo, honra con filial afecto de piedad como a Madre amantísima»[39]. María, por ser Madre de la Iglesia, no está «fuera de ella», sino todo lo contrario: «es miembro sobreeminente y del todo singular de la Iglesia». Y lo es porque, siendo Madre de Dios, está adornada con todas las especiales gracias de que el Señor quiso dotarla para que fuera «digna Madre de su Hijo divino» y la «generosa cooperadora» con Cristo en la obra de la Redención. Por lo cual, unida íntimamente a Dios y a la obra redentora de Cristo con una fe heroica, una esperanza firme y una ferviente caridad, es, a la vez, *«prototipo y ejemplar eximio»* de la Iglesia y de su acción salvífica. Todo el influjo de gracia que le viene a la Iglesia, *también a María,* procede del único principio que es Cristo. María no es creadora, sino receptora (recibe la gracia de Cristo), pero de modo singular y eminente: es la Llena de gracia, es decir, llena de vida divina, hasta el punto de poder darla, supuesto el querer santificador de Dios. Nadie da lo que no tiene, ciertamente, pero sí puede dar lo que tiene, sobre todo si lo ha recibido para darlo. Y María tiene en su

[39] LG 53.

Corazón Inmaculado la gracia de la que su Hijo la ha hecho depositaria y Administradora.

María vive profundamente en la intimidad de Dios Padre, Dios Hijo y Dios Espíritu Santo. Allá se encuentra –dice el beato Josemaría Escrivá– «elevada a dignidad tan grande, hasta ser el centro amoroso en el que convergen las complacencias de la Trinidad. Sabemos que es un divino secreto. Pero, tratándose de Nuestra Madre, nos sentimos inclinados a entender más –si es posible hablar así– que en otras verdades de fe»[40]. Si un buen cristiano es y, sobre todo, será «unum» con Cristo Jesús, ¿qué nivel de unidad –sin merma alguna de la personalidad, al contrario– habrá alcanzado la Virgen María? Su relación con cada una de las Personas divinas parece reforzar o enriquecer su relación con las otras dos, en una suerte de espiral que a los que andamos por estos mundos de aquí abajo nos puede suscitar vértigo. Ella está inmersa en la *Vida misma.* Si alguna criatura puede ser *dadora de vida,* es sin duda María.

La Gracia santificante es vida, misteriosa pero verdadera participación (un «tomar parte») en la vida divina, «germen» de Dios *(semen Dei*[41]). «Hemos sido engendrados de nuevo, no de un germen incorruptible *(ex semine corruptibile),* sino incorruptible, por medio de la palabra de Dios, viva y permanente»[42]. La filiación divina adoptiva, es adoptiva porque no es «natural»: no nacemos viviendo vida de Dios; pero al ser adoptados por Dios Padre, el Espíritu Santo nos infunde una vida nueva, que es verdadera vida de comunión con

---

[40] *Es Cristo que pasa,* 171, 3.

[41] 1 Jn 3, 9.

[42] 1 Petr 1, 23.

Dios en Cristo: «El que está en Cristo, es una nueva creación; pasó lo viejo, todo es nuevo»[43]. Y tiene las características de toda vida creada: concepción, gestación, nacimiento, desarrollo, plenitud. Comienza a vivir como una semilla (*semen*), incluso frágil, fácilmente destructible (por el pecado), y acaba siendo la vida robusta, indestructible, plena de Dios de los bienaventurados en el Cielo. Esta vida tiene su principio absoluto en la Trinidad, de modo *personal* en la Persona del Espíritu Santo. Esta vida, en virtud de la unión hipostática, llena la humanidad de Cristo Redentor, Cabeza de la nueva humanidad. Pero también inmediatamente a la que es extraordinariamente «unum» con Él, a la que es carne de su carne y hueso de sus huesos.

No es de sorprender, aunque sí de admirar, que Dios disponga que la difusión o multiplicación de la vida sobrenatural (divina por participación), dependa no sólo de Él, sino del querer de la Madre del Redentor, dotada de cierta relativa plenitud de Gracia ya en el momento de la Concepción Inmaculada, y de plenitud sin restricción alguna desde el momento de la Asunción.

¡Cuántas veces san Pablo habla de un *vivir en Cristo!* Se trata de auténtica vida. Vida con un poder de fecundidad maravilloso. Al extremo que el mismo Apóstol puede exclamar: «yo os he engendrado por el Evangelio»[44]; o «hijitos míos, por los que otra vez tengo dolores de parto»[45].

Sí; es tanta la bondad de Dios, que parece querer darnos *todo* lo que puede de Sí mismo, a cada uno de sus hijos, con

---

[43] 2 Cor 5, 17.
[44] 1 Cor 4, 15.
[45] Gal 4, 19.

la diversidad que sea menester. Nos hace partícipes de su paternidad –capaces de engendrar espiritualmente–; nos hace partícipes de la filiación de Dios Hijo; y, en fin, nos hace partícipes del Amor que es Dios Espíritu Santo. Todo cristiano está, por la Gracia, capacitado para ser padre y madre, hijo y «espíritu santo» (paráclito: abogado, defensor, consolador, amor) de los demás.

Pero esta capacidad es de orden esencialmente superior en la criatura que ha sido constituida Madre de Dios. ¿Qué no podrá la Virgen María, asunta al Cielo, que ya goza de la existencia gloriosa de la bienaventuranza eterna y, por tanto, de una unión intimísima con las tres Personas divinas? Así como Cristo Cabeza nace en la mente y en el corazón de María por obra del Espíritu Santo, antes aún que biológicamente en sus entrañas virginales, por la fe en la Palabra de Dios[46]; de un modo análogo, los miembros de Cristo –los otros Cristos– nacen a la vida de Cristo también, por obra del Espíritu Santo, *del Corazón* inmaculado de María.

Cabe decir que la Madre de Dios, por querer y don de Dios, misteriosamente, interviene cooperando con el Espíritu Santo en la donación de la vida sobrenatural que es la gracia santificante, vida de Cristo que Ella posee en sobreabundante plenitud *(plena sibi, superplena nobis).* En su *Solemne profesión de fe,* Pablo VI afirmaba la cooperación de María «al nacimiento y desarrollo de la vida divina en las almas de los redimidos»[47]; y Juan Pablo II, lo reafirma en

---

[46] San León Magno acuñó la fórmula «prius concepti mente quam corpore» (Sermo 21, 1: ML 54, 191). Se hace eco de esta enseñanza LG 56, 57.

[47] Pablo VI, *Solemne Profesión de Fe,* 30 de junio de 1968, núm. 15.

Redemptoris Mater,[48] consciente y gozoso de la «comprometida» afirmación de su venerado predecesor[49]; «aún más comprometida» –añade– que la proclamación de María como Madre de la Iglesia[50]. Se trata pues de una afirmación audaz en su momento, porque la maternidad de que se habla no es mera nominación, ni sólo intercesión con alto valor moral ante la Trinidad: se trata de una cooperación que toca el ser mismo de la Gracia, así como el ser mismo del «nuevo ser» que es el renacido del Espíritu y el que va creciendo en esa vida «cristiana», que es vida de Cristo, participación en la vida trinitaria.

También hemos de agradecer a María que los miembros de Cristo podamos participar de la paternidad-maternidad de Dios Padre y de María Santísima: «Si nos identificamos con María –dice el beato Josemaría Escrivá–, si imitamos sus virtudes, podemos lograr que Cristo nazca, por la gracia, en el alma de muchos que se identificarán con Él por la acción del Espíritu Santo. Si imitamos a María, de alguna manera participaremos de su maternidad espiritual»[51].

María, insistimos, no es autora de la Gracia, pero todo nos conduce a pensar que debe de haber un compromiso divino, asumido libremente por Dios, con vistas a la intervención de María en la obra de la santificación, que la constituye en verdadera Madre, *dadora de la vida sobrenatural, crística, creada por la Trinidad:* desde el Padre en el Hijo por el Espíritu Santo[52].

---

48 RM 46.

49 RM 47.

50 Cfr. Ibidem.

51 Beato Josemaría Escrivá, *Madre de Dios y Madre nuestra,* Madrid 1973, 29-30.

52 Cfr. RM 47.

En la paternidad-maternidad natural, los padres ponen unas condiciones biológicas, proporcionadas a la formación del cuerpo personal de los hijos. En la *paternidad-maternidad sobrenatural* no hay nada «biológico». Estamos en un orden más elevado, el de la vida de la Gracia.

Por eso, supuesta la Voluntad de Dios Trino y la voluntad humana de Cristo Redentor y Santificador del hombre, supuesta también su existencia ya gloriosa, cabe decir que a María le basta poner el *querer* (unida en el Espíritu Santo al querer de Cristo Redentor y Santificador) de su voluntad amorosa para que Dios cree la vida sobrenatural en el alma de los que son justificados. Así Ella es, en sentido espiritual, real, vital y pleno, *Madre* nuestra –como afirma el Magisterio de la Iglesia– *en el orden de la gracia*[53].

Mediadora bajo el Mediador

Si María es verdadera Madre en el orden de la gracia, también ha de ser Mediadora de todas las gracias. Mediadora *ad Mediatorem,* es una célebre expresión de san Bernardo[54]. *Lumen gentium* enumera unos cuantos títulos de los que se reconocen en María, como los de Abogada, Auxiliadora y, sobre todo, Mediadora[55]. Este último, se encuentra reconocido también en todo el capítulo VIII, dedicado a María. *Maternidad espiritual* de María y *mediación* son términos complementarios. María, precisamente porque es Madre del

---

[53] LG 61.

[54] Cfr. S. Bernardo, *in Dominica infra oct. Assumptionis Sermo,* 2; cit RM nota (96).

[55] Cfr. LG 62.

Redentor y Madre de todos los hombres, une a los hombres con el Redentor.

Abundemos en el concepto ya utilizado con frecuencia hasta aquí, de honda significación metafísica y teológica, el concepto *participación*. Para lo que ahora precisamos, puede hacerse con bastante llaneza sin adulterarlo. «Participar» equivale a «tomar parte». Cuando se toma parte en un bien material –un pastel, por ejemplo–, y son muchos los *participantes,* toca menos a cada uno. Sin embargo, cuando se trata de bienes espirituales, como la alegría o la felicidad, que no son «objetos» o «cosas», cuanto mayor es el número de participantes, no toca menos a cada uno; si acaso, parece que toca a más.

En una palabra, cuanto más espiritual, perfecto y perfectivo es el bien, es más *participable*. Como ya avanzamos en las primeras páginas, la Bondad infinita de Dios, sin dejar de ser única –sólo Dios es el Bueno– causa innumerables bondades. Son bondades creadas, limitadas, finitas, pero verdaderas bondades.

Así sucede también con la función mediadora (equivalente a *sacerdotal)* de Cristo. Él es el único mediador, es el Mediador «nato», por unir en su persona hipostáticamente la naturaleza divina y la naturaleza humana. Por eso puede hacernos participar de su mediación, en cuanto somos humanos y participamos también por la Gracia en la vida divina de la Trinidad. Así no se rebaja la Mediación de Cristo, al contrario, se manifiesta más claramente su riqueza, su consistencia, su dignidad suprema.

No hay dificultad para que otros, en cierto sentido, puedan llamarse mediadores entre Dios y los hombres, en cuanto que cooperan a la unión del hombre con Dios, disponiéndole y siendo instrumentos suyos para ella, como son los ángeles y los santos, los profetas y los sacerdotes de ambos Testamentos. *Redemptoris Mater* subraya de manera muy fuerte la unicidad de la mediación de Jesucristo, «sin embargo –aclara– esta unicidad no es exclusiva, sino inclusiva, es decir, hace posible otras formas de participación. En otras palabras, la unicidad de Cristo no suprime la reciprocidad y la colaboración de los hombres entre sí delante de Dios, de manera que todos pueden ser, en múltiples formas, el uno para el otro, mediadores ante Dios en comunión con Jesucristo». De este modo, los hombres pueden ser mediadores los unos de los otros y, de hecho, lo son. Se trata, por supuesto de una «función subordinada»[56] a la de Cristo, de una «mediación participada», que brota «de la superabundancia de los méritos de Cristo..., de ella depende totalmente y de la misma saca toda su virtud»[57].

Todo esto se refiere a los hombres en general y por lo tanto a María. Pero en Ella la mediación reviste un carácter *especial* y *extraordinario*[58] e irrepetible que sobrepasa en modo específico las demás mediaciones. El carácter específico de la mediación de María consiste en su cualidad maternal, «ordenada a un nacimiento siempre nuevo de Cristo en el mundo. Ella custodia la dimensión femenina en la actividad actual de la Iglesia y sigue siendo su origen permanente»[59].

---

[56] RM núm. 38.

[57] RM núm. 22; LG 60.

[58] Cfr. RM 38.

[59] J. Ratzinger, l. c. Para el gran tema del lugar de la mujer en la Iglesia, ver Juan Pablo II, Enc. *Mulieris dignitatem* y *Carta del Papa Juan Pablo II a las mujeres,* 29 de junio de 1995.

No es de extrañar, aunque maraville, que la misma prerrogativa, pero *mucho más* gloriosa, convenga a la Virgen excelsa. Ese «mucho más», incomparablemente más, equivale a un «*esencialmente* más». Así como se distingue el sacerdocio común del sacerdocio ministerial por una diferencia no de grado sino esencial, cabe decir que la mediación de los fieles y la de María difieren también esencialmente. Por mucho que se perfeccione o intensifique la participación en la mediación de Cristo de los demás fieles, nunca alcanzará la cualidad de la mediación de María, pues es de una naturaleza específicamente superior, esto es, *materna*. Todas las demás serán en todo caso «filiales», con las debidas diferencias en el caso de los sacerdotes (presbíteros) cuando actúan «*in persona Christi*». Pero aún en este caso, ser Madre del Mediador –haberle dado el ser y tener los derechos de Madre– es una condición cualitativamente superior a la de hacer presente a Cristo. Así entendemos *Redemptoris Mater* cuando afirma que «la mediación de María está íntimamente unida a su maternidad y posee un carácter específicamente materno que la distingue de las demás criaturas (...)»[60]

Mediadora de todas las gracias

De ahí que el Magisterio reconozca que María es Medianera y Dispensadora de *todas* las gracias: «es lícito afirmar que de aquel grandioso tesoro que trajo el Señor –*porque la gracia y la verdad fue hecha por medio de Jesucristo*[61]– nada

[60] RM, núm. 38.
[61] Jn 1, 17.

se nos distribuye sino por medio de María, por quererlo Dios así; de suerte que a la manera que nadie se acerca al supremo Padre sino por el Hijo, casi del mismo modo, nadie puede acercarse a Cristo sino por su Madre»[62].

La misión intercesora

Redemptoris Mater desarrolla suficientemente el aspecto intercesor de la mediación de María en el orden de todos los bienes de los hijos[63]. Lo hace sobre la base del relato evangélico de la boda en Caná de Galilea, en la que se encontraba la Madre de Jesús[64]. «*Se pone "en medio", o sea, hace de mediadora no como una persona extraña, sino en su papel de madre,* consciente de que como tal puede –más bien "tiene el derecho de"– hacer presente al Hijo las necesidades de los hombres»[65].

Dios ha querido que tengamos en el cielo una Abogada, digna de ser oída siempre en beneficio de sus hijos. Está en la lógica divina que la que es *gratia plena sibi,* sea también *superplena nobis* (san Bernardo). A la Madre de Dios se le ha entregado toda la gracia de la que es Autor su Hijo, para que sea *Administratrix Christi*[66], en favor de todos sus hijos. Todas las gracias que se comunican a este mundo tienen un triple proceso: siguiendo un orden altísimo, se comunican por Dios a Cristo, por Cristo a María, y por María a noso-

[62] León XIII, Enc. *Octobri mense,* 22-IX-1891, DS 3275; Cfr. LG 62.
[63] RM núms. 21-24; cfr. Pablo VI, *Signum magnum.*
[64] Cfr. Jn 2, 1 ss.
[65] RM, núm. 21.
[66] San Agustín, *Serm. de Assumpt.,* LII.

tros[67]. Es otra manifestación de la inmensidad del amor de Dios hacia María y hacia nosotros, porque poner toda la riqueza sobrenatural en manos de una madre como la suya es garantizar a todo el mundo que hallará siempre acogida celestial si acude filialmente a la Virgen Santa. Porque si es inevitable que Dios sea infinitamente justo, lo es igualmente que la Madre de Dios sea inagotablemente misericordiosa.

Administradora de Cristo, Administradora del Paraíso, Dispensadora de todas las divinas gracias es la Madre de Dios y Madre nuestra. Es el colmo del amor misericordioso. Es la sabiduría divina llevada hasta el extremo más amable para la criatura necesitada de comprensión, compasión, perdón, salvación y elevación a la vida de Dios.

La misión formadora

«Otro elemento esencial de esta función materna de María –continúa Juan Pablo II en *Redemptoris Mater*– se encuentra en las palabras dirigidas a los criados: "Haced lo que él os diga". La Madre de Cristo se presenta ante los hombres como *portavoz de la voluntad del Hijo,* indicadora de aquellas exigencias que deben cumplirse para que pueda manifestarse el poder salvífico del Mesías. En Caná, merced a la intercesión de María y a la obediencia de los criados, Jesús da comienzo a "su hora". En Caná María aparece como *la que cree en Jesús;* su fe provoca la primera "señal" y contribuye a suscitar la fe de los discípulos»[68].

[67] Cfr. León XIII, Enc. *Iucunda semper,* 8-IX-1894.
[68] RM, 21.

La misión protectora

Permítasenos, por una vez, ofrecer el testimonio de la fe del pueblo cristiano en la pluma de un escritor no eclesiástico, Miguel de Cervantes, quien llama a la Madre de Dios: «la siempre Virgen María, reina de los Cielos y Señora de los ángeles y nuestra, tesoro del Padre, relicario del Hijo y amor del Espíritu Santo, amparo y refugio de pecadores»[69]. ¿Cómo no va a ser refugio una madre santísima que ve en cada hijo, al Hijo; sea glorioso, por la gracia, o crucificado por el pecado? *Redemptoris Mater* nos ofrece sobrado fundamento teológico para esta aseveración tan confortante[70].

La maternidad de María sobre los hombres no se reduce, pues, al momento de darles la vida de la gracia. El Concilio Vaticano II ha precisado bien que: «En la economía de la gracia perdura sin cesar el momento del asentimiento que prestó fielmente en la Anunciación, y que mantuvo sin vacilar al pie de la Cruz hasta la consumación perpetua de todos los elegidos. Pues, asunta a los cielos, no ha dejado esta misión salvadora, sino que con su múltiple intercesión continúa obteniéndonos los dones de la salvación eterna (...) la Santísima Virgen es invocada en la Iglesia con los títulos de Abogada...»[71].

---

[69] Miguel de Cervantes, *Los trabajos de Persiles y Sigismunda,* L. I, c. IV.

[70] Cfr. RM núms. 11, 24 y 27.

[71] LG núm. 62; cfr. CEC 969.

El amor de María

Es lógico que nos preguntemos formalmente en un estudio teológico cómo es –al margen de experiencias personales en el trato con Nuestra Madre– el amor de la Madre de Dios por sus hijos. Enseguida caemos en la cuenta de que se trata de un misterio insondable al que sólo Dios y Ella tienen cabal acceso. Ella nos quiere «en el Espíritu Santo»[72]: «María abraza a todos, con una solicitud particular, en el Espíritu Santo. En efecto, es Él (el Espíritu Santo), como profesamos en nuestro Credo, el que "da la Vida". Él es quien da la plenitud de la vida abierta hacia la eternidad». Ella es «la Madre que –con toda la fuerza de su amor que nutre *en el* Espíritu Santo– desea la salvación de todos los hombres»[73].

A María, por decirlo así, le pasa como a Dios, que –según la célebre frase de André Frossard– *¡sólo sabe contar hasta uno!* Tiene una muchedumbre inmensa de hijos, pero «la maternidad determina siempre una relación única e irrepetible, entre dos personas» y «aun cuando una misma mujer sea madre de muchos hijos, su relación personal con cada uno de ellos caracteriza la maternidad en su misma esencia (...). Cada hijo es rodeado del mismo modo por aquel amor materno, sobre el que se basa su formación y maduración en la humanidad»[74]. Mucho se aprende en la escuela de María, acerca de lo que valen una madre y un hijo; en suma, una persona, aunque sea sola, por ser siempre «única».

---

[72] Juan Pablo II, *Homilía,* Fátima 13-V-1982.

[73] Juan Pablo II, *Homilía,* Fátima 13-V-1982.

[74] RM, 45.

Capítulo VII

EL CULTO A LA SANTÍSIMA VIRGEN MARÍA

El culto es un honor que se tributa a una persona superior a nosotros. El culto rendido a los servidores de Dios honra a Dios mismo, que se manifiesta por ellos y que por ellos nos atrae hacia Él. El Concilio de Trento así lo ha definido contra los que ven en el culto a los santos un modo de superstición[1].

Por tantos motivos es justo que Nuestra Señora sea objeto de una veneración singularísima. «Si se veneran todos los justos, ¿quién es el que no alabará a la fuente de la Justicia y al tesoro de la Santidad? Ni la lengua de los hombres, ni la mente de los Ángeles, que es la más sublime del mundo, pueden dignamente ensalzarla»[2].

[1] Cfr. DS 1744, 1755, 1821.

[2] San Juan Damasceno, *Oratio in dormitionem,* 1.

Al constituir Dios a su Madre en la cima de la santidad, llenándola de gracias, nos expresa su voluntad de que la honremos en cuanto nos sea posible. Alabar a María es alabar al Hijo y, por Él, a la Trinidad Santísima: ¿qué hijo no se goza en que honren a su madre? ¡Cuánto más Jesucristo que, siendo Dios, ama a su Madre más que todos los hijos del mundo! Se comprende bien aquel grito de alabanza a la Virgen María que sale de los labios de una mujer anónima interrumpiendo un discurso de Jesús: «Sucedió que, estando él diciendo estas cosas, alzó la voz una mujer de entre la gente, y dijo: "¡Dichoso el seno que te llevó y los pechos que te criaron!"»[3]. Es el comienzo de una cadena de alabanzas ininterrumpida que continuará por los siglos y saltará a la eternidad: «Y dijo María: "Engrandece mi alma al Señor y mi espíritu se alegra en Dios mi salvador. Porque ha puesto los ojos en la humildad de su esclava, por eso, desde ahora todas las generaciones me llamarán bienaventurada..."»[4]. Ningún buen hijo de Dios querrá ausentarse de este coro inmenso que alaba a Dios del modo más entrañable y agradable al Hijo: alabando a su Madre, que es también Madre nuestra.

La Iglesia enseña que ha de tributarse a la Santísima Virgen un culto de veneración *(dulía),* pero «suprema», llamado *hiperdulía,* debido a su eminente dignidad de Madre de Dios; distinto del culto de *latría* (adoración) reservado a Dios, a la Humanidad de Cristo y a la Santa Cruz, y del simple culto de *dulía* propio de los santos.

---

[3] Lc 11, 27.

[4] Lc 1, 46-48.

Celebraciones litúrgicas

Tradicionalmente, la Iglesia, para honrar a la Virgen María, celebra a lo largo del año litúrgico diversas fiestas marianas. Algunas son especialmente importantes y solemnes: Santa María, Madre de Dios; la Anunciación; la Asunción de Nuestra Señora; Santa María Reina; los Dolores de Nuestra Señora; la Natividad de Nuestra Señora; Nuestra Señora del Rosario; la Inmaculada Concepción, etc.

Devociones marianas

Erasmo y Lutero, para corregir los que juzgaban excesos de la piedad mariana de su tiempo, repetían continuamente que «la verdadera devoción a María consistía en la imitación». El Concilio Vaticano II fue más delicado y profundo, al decir que la verdadera devoción no consiste, ni en un estéril y pasajero sentimentalismo; ni en una cierta vana credulidad; sino que procede de la fe, por la que reconocemos la excelencia de la Madre de Dios; y por la que somos llevados a un amor filial hacia nuestra Madre; y a la imitación de sus virtudes[5].

Más tarde, Pablo VI en *Marialis cultus* ofreció un desarrollo exacto de esas ideas que, juntas, forman la verdadera piedad católica mariana, a la vez que esclarecía un punto oscurecido durante el llamado «post-concilio», el de las formas tradicionales de la piedad mariana.

El Concilio Vaticano II exhorta a que se promueva el

---

[5] Cfr. LG 68.

culto, especialmente el litúrgico[6]; ya que, como se recoge en *Marialis cultus*, en la Liturgia reside una incomparable eficacia pastoral y está aprobada mucho más que las demás formas de culto[7]. Sin embargo, se añade «La sagrada liturgia no agota toda la actividad de la Iglesia[8]; y la participación en la sagrada liturgia no abarca toda la vida espiritual. En efecto, el cristiano, llamado a orar en común, debe, no obstante, entrar también en su cuarto para orar al Padre en secreto; más aún, debe orar sin tregua, según enseña el Apóstol»[9].

Todavía más claramente *Lumen gentium* exhortaba a los fieles para que «estimen en mucho las prácticas y los ejercicios de piedad hacia Ella –la Virgen– recomendados por el Magisterio»[10]. *Marialis cultus* ha subrayado de modo particular dos devociones marianas: el *Angelus* y el Rosario. Pablo VI escribió: «No dejéis de inculcar con todo cuidado el rezo del Santo Rosario, la oración tan querida a la Virgen y tan recomendada por los Sumos Pontífices, por medio de la cual los fieles pueden cumplir de la manera más suave y eficaz el mandato del Divino Maestro: "pedid y recibiréis, buscad y hallaréis, llamad y se os abrirá"»[11] . La excelencia del Rosario procede de su misma naturaleza[12].

---

[6] LG núm. 67.
[7] Cfr. MC I, 1.
[8] Cfr. SC núm. 9.
[9] SC núm. 12.
[10] Cfr. LG núm. 67.
[11] Carta-Encíclica *Mense Maio*, 29-IV-1965.
[12] Cfr. MC.

Otras prácticas de piedad mariana

Otras prácticas de piedad mariana son: las Cofradías marianas y el Escapulario del Carmen. Mes de María. Medallas. Sábados dedicados a la Virgen, etc... Santuarios y Ermitas erigidas para honrar especialmente a la Madre de Dios.

Los frutos de la devoción a la Virgen María

La devoción a la Virgen, que conduce a imitar sus virtudes, es camino seguro de salvación, porque María obtiene para los que fielmente la imploran la gracia de la perseverancia final, pues –como ya hemos visto– Ella es Mediadora universal de todas las gracias y mira con especial benevolencia a sus devotos hijos[13]. De ahí que la devoción a la Virgen se cuente comúnmente como prenda de salvación.

De modo más general, el culto debido a la Virgen María confirma en la Iglesia los fundamentos de la fe, porque implica la fe en la Encarnación Redentora de Jesucristo, evita las herejías, conduce a la santidad y, al honrar a su Madre, glorifica a Nuestro Señor.

---

[13] «A Jesús siempre se va y se vuelve por María» (*Camino,* 495).

Capítulo VIII

LA PREDESTINACIÓN DE SAN JOSÉ Y SU EMINENTE SANTIDAD

San José es el mayor de los santos después de María. Esta doctrina está hoy generalmente aceptada. León XIII, en la Encíclica *Quamquam plures,* escrita para declarar a san José patrono de la Iglesia Universal, dice: «Como san José estuvo unido a la Santísima Virgen por el vínculo conyugal, no cabe la menor duda que se aproxima más que persona alguna a la dignidad sobreeminente por la que la Madre de Dios sobrepasa a las naturalezas creadas (...); si, pues, Dios le dio por esposo a José, ciertamente no sólo se lo dio como ayuda en la vida, sino que también le hizo participar, por el vínculo matrimonial, en la eminente dignidad que Ésta había recibido»[1].

Juan XXIII, en el año 1962, enseña: «San José, ilustre descendiente de David, luz de los Patriarcas, esposo de la

[1] León XIII, Encíclica *Quamquam plures,* del año 1899.

Madre de Dios, guardián de su virginidad, padre nutricio del Hijo de Dios, vigilante defensor de Cristo, Jefe de la Sagrada Familia; fue justísimo, castísimo, prudentísimo, fortísimo, muy obediente, fidelísimo, espejo de paciencia, amante de la pobreza, modelo de trabajadores, honor de la vida doméstica, guardián de las vírgenes, sostén de las familias, consolación de los desgraciados, esperanza de los enfermos, patrono de los moribundos, terror de los demonios, protector de la Iglesia Santa. Nadie es tan grande después de la Virgen María»[2].

La razón de esta preminencia se encuentra en la plenitud de gracia recibida por san José, proporcionada a su misión de padre nutricio de Jesús, puesto que fue directa e inmediatamente elegido por el mismo Dios para esta misión única en el mundo. La misión de san José, en efecto, supera el orden mismo de la gracia y linda con el orden hipostático constituido por el misterio mismo de la Encarnación.

«La Iglesia entera –dice el beato Josemaría Escrivá– reconoce en san José a su protector y patrono. A lo largo de los siglos se ha hablado de él, subrayando diversos aspectos de su vida, continuamente fiel a la misión que Dios le había confiado. Por eso, desde hace muchos años, me gusta invocarle con el título entrañable: Nuestro Padre y Señor»[3]. Las virtudes de san José son un espléndido modelo propuesto para nuestra imitación. «Nuestro Padre y Señor san José es Maestro de la vida interior. –Ponte bajo su patrocinio y sentirás la eficacia de su poder»[4].

---

[2] Juan XXIII, Decreto de la Sagrada Congregación de Ritos del año 1962, por el que se incluía el nombre de San José en el Canon de la Misa.

[3] Beato Josemaría Escrivá, *Es Cristo que pasa*, núm. 39.

[4] *Camino*, 560.

La duda de san José

Parece que, después de la Anunciación, la Virgen Madre, guardó para sí el gran misterio que había acontecido en Ella, la Encarnación del Verbo. Ni había palabras para expresarlo ni parece que el Señor quisiera que lo revelara por sí misma, ni siquiera a san José. No obstante, Isabel fue informada del misterio por el Espíritu Santo, como se deduce de la escena de la Visitación. ¿Habían hablado previamente de ello María y José? ¿Acompañó José a María en la visita a Isabel? ¿Había tenido lugar ya la revelación del Ángel a José? Los textos evangélicos dejan todas las respuestas abiertas.

Las traducciones que han llegado hasta nosotros no facilitan la intelección de los sentimientos y actitudes de José: «La generación de Jesucristo fue así: Desposada su madre María con José, antes de que convivieran resultó que había concebido del Espíritu Santo. José, su esposo, como era justo *(dikaios)* y no quería denunciarla *(deigmatisai)*, pensó repudiarla *(apolusai)* en secreto» (Mt 1, 19).

Es muy difícil creer que a José –que era muy santo y estaba sin duda dotado del don de sabiduría, así como de los demás dones del Espíritu Santo, más que cualquier otro santo, salvo la Virgen Santísima–, conociendo como conocía a María, se le ocurriese pensar en alguna especie de infidelidad. Lo más razonable es pensar que José recordase la profecía de Isaías sobre la virgen que había de concebir al Emmanuel. Es lo más seguro que de algún modo se diera cuenta de que un gran misterio divino había acontecido en María, aunque no sospechara quizá la divinidad del Niño que la Virgen llevaba en su seno. Pero el Mesías estaba anunciado para aquellos tiempos. La duda de José no era sobre la inocencia de María, sino sobre su propio papel y situación en aquel misterio. En este sentido se han pronunciado una parte de los Padres y santos doctores de la Iglesia (no todos, por lo que vamos a ver a continuación).

Afortunadamente, los análisis filológicos y la más reciente exégesis bíblica parecen haber resuelto el difícil texto de Mateo 1, 19, traducido de modos muy diversos, afectando, como es lógico, a la comprensión en diversos sentidos de la actitud de José ante el misterio de la concepción de Jesús. Mateo 1, 19 contiene tres palabras de difícil traducción:

1) *dikaios.*
2) *deigmatizô.*
3) *apoluô.*

Vistas las diversas interpretaciones nos parece la más sólida y congruente la que se resume seguidamente.

1) Hoy está claro que *dikaios* se traduce por «justo»:

–No en el sentido de ser simplemente riguroso observante de la Ley judía, que favorecería la interpretación según la cual José hubiera pensado que su esposa –según la Ley– había de ser denunciada y lapidada.

–Tampoco es exacto traducir *dikaios* simplemente por «bueno» o «de buen corazón». Como José era «de buen corazón» decidiría «repudiar» *(apolusai)* en secreto a María, para evitar la lapidación que mandaba la Ley. Esta no puede ser buena traducción puesto que *dikaios* nunca ha significado «bueno» o «persona de buen corazón», el griego dispone de otros términos para expresar ese sentido[5].

–Lo más razonable es traducir *dikaios* por «justo» en el sentido de un respeto total por la voluntad de Dios y por su acción en nuestra existencia. Se puede resumir así: «En el lenguaje hebreo, justo quiere decir piadoso, servidor irreprochable de Dios, cumplidor de la voluntad divina; otras veces significa bueno y caritativo con el prójimo. En una palabra, el justo es el que ama a Dios y demuestra ese amor, cumpliendo sus mandamientos y orientando toda su vida en servicio de sus hermanos, los demás hombres»[6].

2) El verbo *deigmatizô* es muy raro en griego y quizá por eso se ha traducido e interpretado de formas muy diversas. Es más usual el verbo compuesto –no sinónimo de aquél– *paradeigmatizô*, que tiene el sentido peyorativo de «exponer a la afrenta», «exponer las injurias». Pero esta resonancia negativa no se incluye necesariamente en el verbo sencillo *(deigmatizô).* Éste puede significar simplemente «dar a conocer», «sacar a luz», «revelar», «hacer visible», «manifestar» sin resonancia negativa alguna. Será negativa o no según lo que se «saque a relucir». Lo que se «revela» puede ser bueno o malo, edificante o vergonzoso.

3) El verbo *«luô»*, del que deriva el término *«apoluô»*, utilizado en Mt 1, 19, puede significar «despedir», y especial-

---

[5] Cfr. Ignacio de la Potterie, *María en el misterio de la Alianza,* BAC, Madrid 1993, pp. 70-71.

[6] *Es Cristo que pasa,* 40.

mente se dice en el sentido de «deshacer, romper el vínculo del matrimonio». Por eso, según ciertos autores, podría significar «repudiar», «divorciar». Pero, también puede significar simplemente «dejar libre», «dejar ir».

En consecuencia, puede ser perfectamente correcta la traducción:

> «José, su esposo, como fuese *justo* y no quisiese *revelar* (el misterio de María), resolvió *separarse de ella* secretamente»[7].

Es muy congruente esta interpretación técnicamente irreprochable, puesto que siendo José santo, era prudente. No se le ocurrió acusar de delito alguno a su Esposa, ni tampoco «repudiarla». El divorcio era un acto *público,* ante testigos, y aquí el verbo va acompañado por el adverbio «secretamente». No tendría mucho sentido. Lo que José decide en conciencia es lo más costoso para él: «abandonarla», «separarse», de Ella secretamente.

Queda explicar por qué. La respuesta se encuentra en la línea de aquellos Padres de los que se hace eco santo Tomás de Aquino: «José quiso abandonar a María no porque tuviese ninguna sospecha sobre ella, sino porque, debido a su humildad, temía vivir unido a tanta santidad, por eso después le dijo el ángel: no temas»[8].

Es muy comprensible que José, ante la inmensidad del misterio de la maternidad virginal de María, pensase que él

---

[7] Ignacio de la Potterie, *María en el misterio de la Alianza,* BAC, Madrid 1993, p. 69.

[8] Santo Tomás de Aquino, *In IV Sent.* 30, 2, 2.

había errado el camino al desposarse con la Virgen anunciada por los profetas. La única salida, aunque durísima para él, era la «secreta». De este modo, Dios podría llevar a cabo los planes sobre María sin el «estorbo» que José erróneamente se consideraba ser.

El Ángel no sólo le confirma que lo sucedido en su Esposa es obra divina, sino que le comunica que él tiene también una misión en el misterio: *poner el nombre a Jesús*, lo cual significa, en el modo de hablar bíblico, que iba a ser el padre de Jesús según la ley. Es de notar que el texto griego de la llamada «anunciación a san José» no parece ser tanto la *notificación* de la sobrenaturalidad de la concepción del Niño, que puede estar dada por sabida, sino la revelación de la misión de José en la Sagrada Familia: «le pondrás por nombre Jesús», es decir, serás legalmente el padre de Jesús, porque este Niño es hijo de tu verdadera Esposa, María.

La paternidad de san José

Ahora bien, ¿la paternidad de José fue meramente legal? Evidentemente fue mucho más que «legal», «putativa» o «adoptiva». Juan Pablo II dice que en José «se reflejó más plenamente que en todos los padres terrenos *la paternidad de Dios mismo*»[9]. Con sobria y densa elocuencia, nos lo había presentado san Mateo al decir: «José, esposo de María, de la cual nació Cristo»[10], *«Virum praedestinatum Maríae»*, dice

[9] Juan Pablo II, *Homilía al pueblo de Terni* (19-III-1981).
[10] Mt 1, 16.

san Ireneo[11]. Es el mismo Padre Dios quien elige para su Unigénito un padre humano virgen. José, obviamente, no es padre como la Virgen es Madre. Pero lo es en un sentido muy real y profundo, espiritual. «¿Cómo era padre José? –se pregunta san Agustín–. Tanto más profundamente padre, cuanto más casta fue su paternidad» Y añade: «A José no sólo se le debe el nombre de padre, sino que se le debe más que a otro alguno»[12].

Salvada la virginidad, el Padre Dios otorga a José todo lo que constituye a un hombre como padre: la cabeza y la responsabilidad, pero ante todo, lo que le da el Creador de los corazones –*qui finxit singillatim corda eorum*[13]– es un corazón a la medida del Hijo de Dios y de su Madre María[14].

---

[11] «La existencia de un verdadero matrimonio entre la Santísima Virgen y san José viene afirmada por el Magisterio de la Iglesia. El papa León XIII enseñaba: «Medió un vínculo matrimonial de San José con la Santísima Virgen... Ahora bien, si Dios le dio un esposo a la Virgen, no fue sólo para darle un compañero en su vida, testigo de su virginidad, y defensor de su honestidad, sino también para hacerlo partícipe de su excelsa dignidad en virtud del compromiso conyugal» (Encíclica *Quamquam pluries,* 15-VIII-1889, ASS 22, 86). Este magisterio se apoya principalmente en el pasaje evangélico en que María es presentada como esposa y José es llamado su esposo (Mt 1, 16-20). Por su parte los santos Padres, al referirse al matrimonio entre María y José, ponen de relieve la providencia y sabiduría divinas al disponer que Jesucristo naciera virginalmente de una Madre desposada» (Ibáñez J. - Mendoza F., *María Madre del Redentor,* pp. 40-52). Juan Pablo II, en *Redemptoris custos,* 7, indica el fundamento de la paternidad de José en el verdadero matrimonio con María. Respecto a éste, ver RC, 8 y 18.

[12] San Agustín, *Sermo* 51, 20. Los Padres que han tratado con mayor profundidad teológica a san José son san Agustín, san Hilario, san Jerónimo, san Cirilo, san Juan Crisóstomo, san Juan Damasceno y san Bernardo.

[13] *Salmo* 32, 15.

[14] Cfr. Juan Pablo II, RC, 8.

En el Evangelio José aparece siempre como padre y cabeza de la Sagrada Familia. Impone el nombre a Jesús, recibe las órdenes del Ángel. «Veneramos a José –dice Juan Pablo II–, que construyó la casa familiar en la tierra al Verbo Eterno, así como María le había dado el cuerpo humano»[15]. Al extremo que el Unigénito del Padre «le estaba sujeto».

Prerrogativas de san José

José ha sido llamado por los clásicos castellanos «Criador del Creador», «Providencia de la Providencia», «Cuna que a Dios mece», «Brasero de amor que le calienta», «Cama blanda donde se adormece», «Árbol donde Dios se arrima y regocija», «Árbol que con su buena sombra a Dios cobija», «Redemptor de Jesús, liberador y salvador» (recordemos la huida a Egipto), «Descanso de Jesús y María», «Dulce refrigerio de Jesús y María», «Ángel de la guarda (de Jesús y María)», «Don de Dios», «Viceparáclito»...

Valga como resumen intuitivo de la dignidad de José (sólo superada por la Madre de Dios) este párrafo de un autor espiritual: «Los reyes de la tierra han de inclinarse en su presencia porque él es más rey que todos ellos, puesto que gobierna al Rey de los reyes, rige la Sagrada Familia y manda al Rey del mundo. ¡Qué grande es el reino interior de Nazaret! Tiene algo de infinito (...) Rigiendo a Jesús, rige en cierto modo toda la naturaleza creada, resumida en la humanidad de Nuestro Señor (...). Es, realmente, una maravilla que José reine sobre unos seres tan superiores como

[15] Juan Pablo II, *Homilía al pueblo de Terni* (19-III-1981).

Jesús y María, quienes le aventajan respectivamente según un grado infinito y según un grado que no se puede concebir. Reverenciemos las maravillas del buen Dios y no olvidemos que, habiendo sido José tan honrado por Dios, es de razón que nosotros le rindamos también un alto tributo de honor»[16].

La institución de una fiesta litúrgica específicamente dedicada a san José acontece en 1476, por Sixto IV; Inocencio VIII (1486) la eleva a mayor categoría. Gregorio XV, en 1621 la declara obligatoria para todo el orbe católico. En 1870, el Concilio Vaticano I se plantea la proclamación de san José como «primero y principal patrono de la Iglesia universal»; el documento no puede ser firmado. Pío IX, el Papa que había proclamado el dogma de la Inmaculada Concepción, reconoce el título el 8 de diciembre de 1871.

Juan Pablo II ha dedicado a san José una Exhortación Apostólica, *Redemptoris custos*[17], en la que recoge la tradición patrística y teológica, abriendo horizontes de estudio y meditación sobre la figura de este santo, que está, en la escala que baja del Cielo, inmediato a María, por encima de los Ángeles.

---

[16] R. Beringuer, *San José*, Barcelona 1932, p. 2.

[17] Juan Pablo II, Exhor. Apost. *Redemptoris custos*, 15-VIII-1989.

BIBLIOGRAFÍA MARIOLÓGICA

Magisterio de la Iglesia

Catecismo de la Iglesia Católica, Madrid 1992.

Concilio Vaticano II, Const. *Lumen Gentium,* cap. VIII, 21-XI-1964.

Juan Pablo II, Encíclica *Redemptoris Mater,* 25-III-1987.

Juan Pablo II, Exhortación Apostólica *Redemptoris custos,* 15-VIII-1989.

León XIII, Enc. *Magnae Dei Matris,* 8-IX-1892.

León XIII, Enc. *Augustissimae Virginis,* ASS 30, 129.

Pablo VI, Enc. *Mense mayo,* 29-IV-1965.

Pablo VI, Exhortación Apostólica *Marialis cultus,* 2-II-1974.

Pablo VI, Exhortación Apostólica *Signum magnum,* 13-V-1967.

Pío IX, Bula dogmática *Ineffabilis Deus,* 8-XII-1854.

Pío XI, Enc. *Lux veritatis,* 25-XII-1931.

Pío XII, Enc. Bulla *Munificentissimus Deus,* 1950.

Pío XII, Enc. *Fulgens corona,* 8-IX-1953.

Pío XII, Enc. *Ad Caeli Reginam,* 11-X-1954.

Obras generales[1]

Diccionario Mariano, G. M. Roschini, Barcelona, 1964. (Obra que abarca, con rigor científico y buena bibliografía, tanto los temas mariológicos como los autores que han orientado el pensamiento y la devoción mariana).

Gran Enciclopedia Rialp, voz María. (Los artículos han sido redactados por conocidos mariólogos españoles).

Enciclopedia Mariana Postconciliar, Madrid, 1975. (Obra de investigación redactada por mariólogos españoles y extranjeros, con alguna participación de autores de confesiones no católicas, todo bajo la dirección y responsabilidad de la *Sociedad Mariológica Española.* Para especialistas).

Enciclopedia Theotócos, Madrid, 1971. (Bajo la dirección del P. Spiazzi, O. P., es muy amplia y bien fundada, con buena bibliografía del P. Bessutti, autor de la más amplia *Bibliografía Mariana,* desde el 1948 hasta 1971).

Tratados teológicos

AA. VV. *¿Quién es la Virgen María?,* Madrid, 1974. (Elaborada como un catecismo, por la Sociedad Mariológica española.)

Alastruey, G., *Tratado de la Virgen Santísima,* Madrid, 1952.

Aldama, J. A. de, *Virgo Mater,* Granada, 1963.

Bastero, J. L., *María, Madre del Redentor,* Pamplona, 1995 (Manual de mariología, en sintonía con el Concilio Vaticano II, para estudiantes de Teología, seminaristas y otras personas cultas interesadas).

[1] Ofrecemos una bibliografía básica, en modo alguno exhaustiva. Son obras que a nuestro entender resultan útiles para profundizar en los misterios marianos.

Garrigou-Lagrange, R., *La Madre del Salvador* (trad. Federico Declaux), Madrid, 1977. (Obra recomendada por la competencia científica, por el tono de sólida piedad con que el autor desarrolla los temas).

Merkelbach, B. E., *Mariología* (traducción y notas complementarias del P. Arenillas), Bilbao, 1954. (Mariología bien elaborada, aunque por la fecha de composición no toque suficientemente los temas eclesiológicos).

Pozo, C., *María en la obra de la salvación,* Madrid, 1974 (Estudio con abundante documentación crítica, de los dogmas fundamentales de la Mariología, situándolos en el contexto postconciliar; le faltan los tratados de la asociación de María a la Redención de Cristo como Dispensadora de las gracias y del culto y devoción a la Virgen. Lleva como apéndice el texto bilingüe «Marialis cultus», de Pablo VI).

Ponce Cuellar, M., *María, Madre de Redentor y Madre de la Iglesia,* Badajoz, 1995.

Roschini, G. M., *La Madre de Dios según la fe y la Tradición,* Madrid, 1955. (Una de las mariologías más completas y documentadas anteriores al Vaticano II).

Schmaus, M., *Teología dogmática.* VIII. *La Virgen María,* Madrid, 1961.

Tomás de Aquino, *Summa Theologica,* qq. XVII-XXXV, y *Expositio salutationis angelicae.* (Fuente a la que necesariamente hay que acudir para fundamentar toda seria especulación de teología mariana, aunque, naturalmente, no trata todas las cuestiones mariológicas que desarrolla la mariología posterior).

Terrien, J. B., *La Madre de Dios y de los hombres según los Padres y la Teología,* Madrid, 1942. (Obra que todavía se recomienda por el estudio de las fuentes patrísticas abundantes y críticas).

Tratados especiales

AA. VV., *La Virgen María en el culto católico,* Salamanca, 1967. (Varios autores, bajo la dirección de Luigi della Torre, estudian diversos aspectos del culto y devoción marianos).

Deiss, L., *María, hija de Sión,* Madrid, 1967.

Dillenschneider, C., *El misterio de Nuestra Señora y nuestra devoción mariana,* Salamanca, 2.ª ed., 1965. (Interesante para el diálogo ecuménico).

Documentos Marianos, BAC 128 (Enchiridion).

Esquerda Bifet, J., *María, Madre de la Iglesia,* Bilbao, 1968 (Estudio breve, hecho con rigor científico, claridad y propósitos pastorales).

Estudios Marianos, *Mariología conciliar,* Vol. XXXI, Madrid, 1968 (Obra en colaboración de la Sociedad Mariológica Española, un excelente comentario al cap. VIII de la Const. «Lumen gentium»). *María y el Espíritu Santo.* Vol. XLI, Madrid, 1977. (Estudios de la Sociedad Mariológica Española).

Llamera, M., *Madre de Cristo y Madre de la Iglesia,* Pamplona, 1967. (Diversos estudios de los que interesa sobre todo el que dedica al conocimiento que de la divinidad de Cristo tuvo María en la Anunciación).

Nicolás, M. J., *Theotócos. El misterio de María,* Barcelona, 1967. Estudio en profundidad de los diversos dogmas marianos.

Peinador, M., *Temas de Mariología bíblica,* Madrid, 1963.

Regamey, P., *Los mejores textos sobre la Virgen María,* Madrid, 1972.

Monografías

Aldama, J. A., de, *Virgo Mater,* Granada, 1963.

Aldama, J. A. - Rábanos, R., *La argumentación escriturística en la Bula,* Estudios Marianos XII (1952), pp. 436.

Aldama, J. A. de, *Mariología: Sacrae Theologia Summa* t. 3, 4.ª ed., pp. 459-466; *Teología de la Asunción:* Temas de Teología Mariana, Madrid, 1966, pp. 33-52.

Aldama, J. A. de, *Los primeros comentarios de la Bula «Munificentissimus Deus»*, Estudios Eclesiásticos 25 (1951), pp. 377-380.

Balic, C., *De Assumptione Beatae Virginis Mariae,* Diakonia Písteos, Granada, 1969, pp. 185-216; *Testimonia de Assumptione Beatae Virginis Mariae ex omnibus saeculis,* Roma, 1948.

Beaufays, *La Virgen María en su marco palestiniano,* Madrid, 1941. (Recreación del entorno que, verosímilmente, vivió María).

Bover, J. M., *Cómo conciben los santos padres el misterio de la divina maternidad,* Estudios Marianos VIII (1949), pp. 185-236.

Domínguez, O., *María asociada a Cristo en su triunfo.* Enciclopedia Mariana Postconciliar, Madrid 1975, pp. 391-394.

Ferrer Arellano, J., *La Persona mística de la Iglesia, esposa del nuevo Adán. Fundamentos antropológicos y mariológicos de la imagen tradicional de la Iglesia como «nueva Eva»: su valor ecuménico,* Scripta Theologica, vol. XXVII-Fasc. 3 - sept.-dic. 1995, pp. 789-864.

García Garcés, N., *María Asunta: Títulos y grandezas de María,* Madrid, 1959, pp. 383-409.

G.E.R., Voz María, II, 4.

Ibáñez, J. - Mendoza, F., *María en la Liturgia Hispana,* Pamplona, 1975.

Ibáñez, J. - Mendoza, F., en *La Madre del Redentor,* Madrid, 1980.

Marín, H., Documentos Marianos, Madrid, 1954, núm. 809.

Parente, P., *María, en el misterio de Cristo y de la Iglesia,* Madrid, 1987.

Pozo, C., *María en la obra de la Salvación,* Madrid, 1974, pp. 314-324; *El dogma de la Asunción en la nueva escatología,* en Estudios Marianos XLII (1978), pp. 173-184.

Sauras, E., *La Asunción de la Santísima Virgen,* Valencia, 1950.

Solá, P., *La muerte de la Santísima Virgen en la Constitución Apostólica Munificentissimus Deus,* Estudios Marianos XI (1952), pp. 125-155.

Tomás de Aquino, *Summa Theol.* II-II, q. 18, a. 2. ad. 4; III q. 2, a. 8.

Alfonso M. de Ligorio, San, *Las glorias de María,* Madrid, 1977. (Libro clásico, con excelente documentación patrística y eclesial; resulta todavía atrayente y provechoso).

Alonso de Orozco, beato, *Tratado de las siete palabras de María Santísima,* Madrid, 1966.

Ansón, Francisco, *Tres milagros para el siglo XXI (Pilar, Guadalupe y Fátima),* Madrid, 1993.

Barthas, C., *La Virgen de Fátima,* 10 ed., Madrid 1996. (Exposición bien documentada de las apariciones de nuestra Señora de Fátima).

Bernardo, San, *La Virgen Madre,* Madrid, 1957.

Delclaux, Federico, *Santa María en los escritos del Beato Josemaría Escrivá de Balaguer,* Madrid, 1992.

Dobraczynski, J., *La sombra del Padre. Historia de José Nazaret,* Madrid, 1984.

Dobraczynsky, J., *Encuentros con la Señora,* Madrid, 1989.

Escartín, J. M., *Meditación del Rosario,* Madrid.

Escartín, J. M., *Devoción y amor a María, en «Camino»,* en AA. VV., *Estudios sobre «Camino»,* 1988, pp. 319-338.

Escrivá de Balaguer, Beato Josemaría, *Santo Rosario, Por María hacia Jesús* y *La Virgen Santa, causa de nuestra alegría,* en «Es Cristo que pasa»; *Madre de Dios, Madre nuestra,* en «Amigos de Dios», 20 ed., Madrid, 1995.

García Garcés, M., *La Virgen de nuestra fe,* Madrid, 1967. (Breves, comentarios al c. VIII de «Lumen gentium»).

Herrán, L. M., *Nuestra Madre del cielo,* Madrid; *La Virgen María en nuestra fe y en nuestra vida,* Madrid.

Ibáñez, J. - Mendoza, F., *Juan Pablo II habla de la Virgen,* Pamplona, 1982.

López-Pardo, C., *El Avemaría,* Madrid, 1978.

Martínez Carazo, R., *El mes de María,* Madrid, 1991.

Moschner, F. M., *Rosa Mística* (Comentarios a las Letanías Lauretanas). Madrid, 1957.
Moya Corredor, Juan, *Imitar a María. Novena a la Inmaculada.* Madrid, 1990.
Muñoz Iglesias, S., *El Evangelio de María,* 4.ª ed., Madrid, 1974. (Lecciones de mariología bíblica).
Mullins, Maureen, *Nuestra rosa,* Madrid, 1992.
Newman, Card. John H., *Rosa Mística,* Madrid, 1983.
Orozco Delclós, A., *Mirar a María,* 2.ª ed., española, Madrid, 1991.
Orozco Delclós, A., *Aprender en «Camino» el amor a la Virgen,* en AA. VV., *Estudios sobre «Camino»,* Madrid, 1988, pp. 339-358.
Pemán, J. M., *Lo que María guardaba en su corazón,* Madrid, 1967.
Suárez, F., *La Virgen Nuestra Señora.* 22 ed. Madrid, 1995.
Suárez Verdaguer, F., *José, Esposo de María,* 4.ª edición, Madrid, 1990.
Williams, F. M., *Vida de la Virgen,* Barcelona, 4.ª ed., 1950.

Lectura espiritual para personas de cultura teológica

AA. VV., *La Virgen María en la Iglesia de hoy,* Madrid, 1973. (Conferencias del Congreso Nacional Mariano de Zaragoza, 1972).
Bandera, A., *La Virgen y los Sacramentos,* Madrid, 1979; *Redención, mujer y sacerdocio,* Madrid, 1995.
De la Potterie, I., *María en el misterio de la Alianza,* Madrid, 1995.
San Juan de Ávila, *Sermones de Nuestra Señora,* t. III de «Obras completas», BAC, 304.

Bibliografía Mariana en «Scripta Theologica» (1981-1990)

Aranda, G., *La concepción virginal de Jesús,* 14 (1982) 831-846.
Bastero, J. L., *La devoción Mariana en las Universidades españolas,* 20 (1988) 201-220.

Bastero, J. L., *María en el misterio de Cristo (Redemptoris Mater,* núms. 1-24), 19 (198) 637-681.

Bertetto, D., *María en el Magisterio de Juan Pablo II,* 20 (1988) 129.

Burggraf, J., *Madre de la Iglesia y mujer en la Iglesia. A propósito de la «Teología feminista»,* 18 (1986) 575-593.

Cardenal, T., *Pautas abiertas por la encíclica «Redemptoris Mater» para la celebración del año Mariano,* 20 (1988) 105-127.

Casciaro, J. M., *La Encarnación del Verbo y la corporeidad humana,* 18 (1986), 751-770.

Herrán, L. M., *Mariología y devoción Mariana,* 15 (183) 921-943.

Laurentin, R., *Un año de gracia con María hacia el año 2000. ¿Por qué? ¿Cómo?,* 20 (1988) 163-183.

Ocáriz, F., *María y la Trinidad,* 20 (1988/2-3), pp. 771-797.

Polo, J., *María, Sagrario viviente del Espíritu Santo,* 19 (1987) 683-727.

Pozo, C., *La Maternidad espiritual de María,* 20 (1988) 185-199.

Riestra, J. A., *María en la vida de la Iglesia y de los cristianos (Redemptoris Mater,* núms. 25-49), 19 (1987) 661-681.

Riestra, J. A., *El Espíritu Santo y María en el misterio de la Anunciación,* 25 (1993/1) 221-235.

Rovira, G., *Las relaciones de María con la Santísima Trinidad y su libertad,* 19 (1987) 729-749.

CON APROBACIÓN ECLESIÁSTICA
DEL ARZOBISPADO DE MADRID

ESTE LIBRO, PUBLICADO POR
EDICIONES RIALP, S. A.,
ALCALÁ, 290, 28027 MADRID,
SE TERMINÓ DE IMPRIMIR EN
ARTES GRÁFICAS RÓGAR
EL DÍA 10 DE SEPTIEMBRE DE 1996